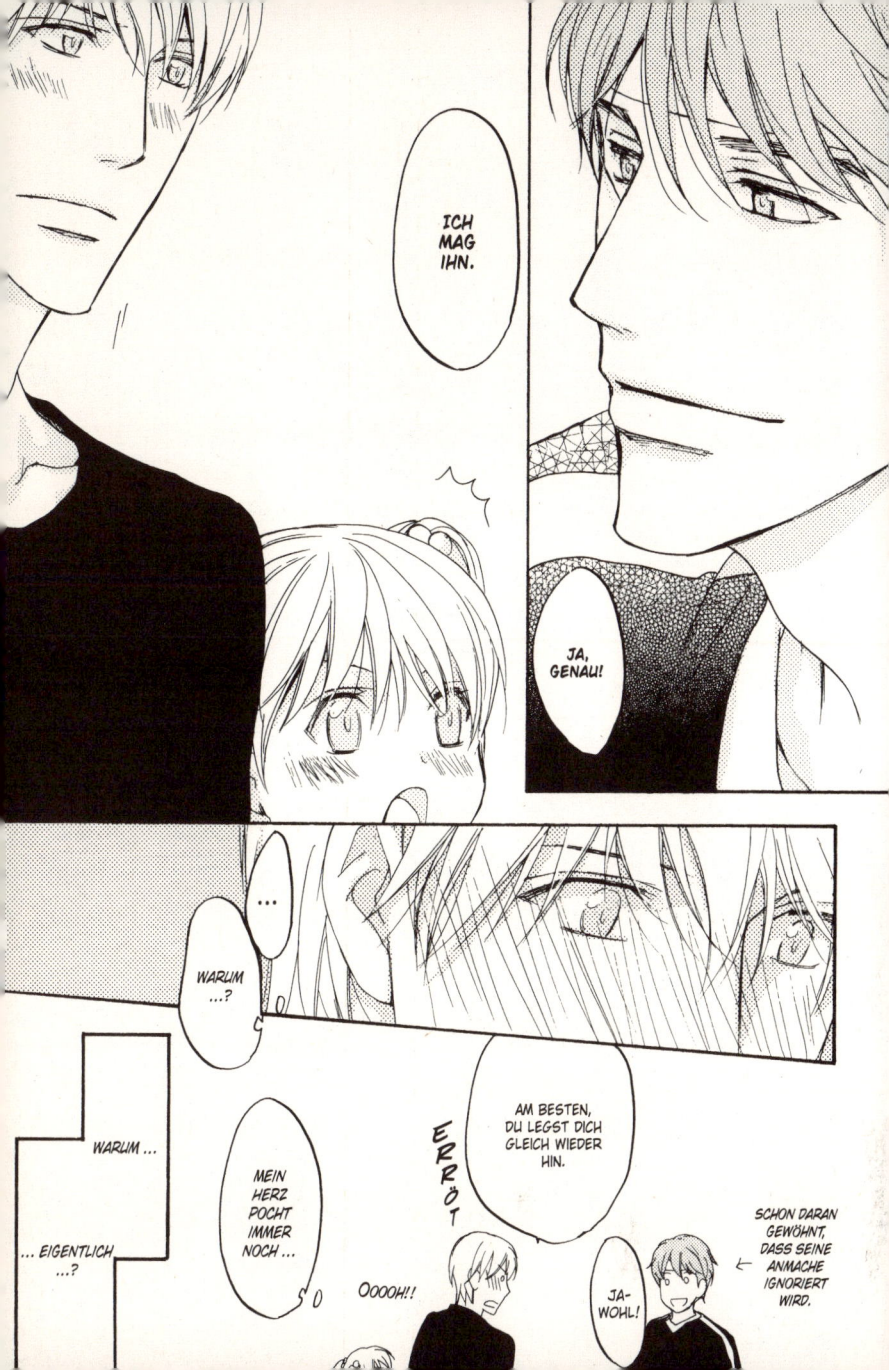

BIS DANN!

WEISST DU, YOSHI HAT GESTERN ...

CHIZU, LASS UNS GEHEN.

JA!

DIE KITA IST VON HIER ...

FRÜHER FAND ICH DAS PRAKTISCH, ABER HEUTE ...

... NUR EIN PAAR MINUTEN ZU FUSS ENTFERNT.

GUTEN MORGEN.

ICH HABE ES SCHON VON IHRER MAMA GEHÖRT ...

HALLO, GUTEN MORGEN!

GUTEN MORGEN!

MORGEN!

JA, MAMA HOLT DICH HEUTE AB.

?

MAMA?

ZURZEIT ...
DU BIST DAS KOMPLETTE GEGENTEIL. ENERGISCH, ABER VERTROTTELT.
ABER KOMISCH IST ER AUF JEDEN FALL.
ER ARBEITET WIE IMMER, ...
... ABER IRGENDWIE WIRKT ER DÜSTER.
OSAWA, GEHST DU CHIZU ABHO...
OH ...
ES IST SCHON SO SPÄT.
RATTER
HAH
HAH
HAH
BIN ICH NOCH RECHTZEITIG?
YOSHIOKA ....
EY ...
WIR HABEN NOCH NICHT GEÖFFNET.
ICH DACHTE, WENN ICH PÜNKTLICH SCHLUSS MACHE, SCHAFFE ICH ES GERADE NOCH RECHTZEITIG ...
ICH WOLLTE CHIZU ABHOLEN.

ÄHM ... DU MUSST SIE NICHT ABHOLEN.

...

DANN PROBIERE ICH ES NÄCHSTE WOCHE WIEDER.

WEIL ES LETZTES MAL VERSCHOBEN WURDE ...

AH ... STIMMT, SIE IST AM WOCHENENDE JA BEI DEINER EXFRAU.

WARUM IST ES SO SCHWIERIG, ...

... YOSHIOKA DIE WAHRHEIT ZU SAGEN?

HEY, ... ÄHM ...

... DU VERHEIMLICHST DOCH IRGENDWAS!

GRP

NEIN, ABER ...

ICH KENN DICH SCHON LANGE GENUG ...

ICH SEH ES DIR AN ...

... KANA ...

... HEIRATET BALD WIEDER.

UND SIE HAT GESAGT, ...

... DASS SIE CHIZU BEI SICH HABEN MÖCHTE.

DAS UMFELD BEI IHR SCHEINT BESSER ZU SEIN ALS MEINS ...

ICH HABE SIE GETROFFEN UND WIR HABEN MEHRERE MALE TELEFONIERT.

UND DAS LÄSST DU EINFACH ZU?!

UND DAS SORGERECHT WERDEN WIR AUCH BALD ÄNDER...

KINDERTAGESSTÄTTE

NA, BIST DU WIEDER GESUND?

MAMA!

CHIZU!

JA.

CHIZU, HÖR MAL …

GUTEN TAG.

DAS SIND …

GUTEN TAG.

…

VOR EIN PAAR TAGEN.

UND WANN ...

... HAST DU DAS ENTSCHIEDEN?

WARUM HAST DU MIR NICHTS ERZÄHLT?

WEIL DU DENKST, DASS ICH DAMIT EH NICHTS ZU TUN HABE?

UND DU BIST WIRKLICH DAMIT EINVERSTANDEN?

ES IST ...

... NUN MAL ENTSCHIEDEN.

DU HAST DOCH GESAGT, ...

WAR DAS GELOGEN?

... DASS DU SIE NICHT WEGGEBEN MÖCHTEST.

„ICH KANN MIR NICHT VORSTELLEN, SIE IN EIN HEIM ZU GEBEN. IRGENDWIE HABE ICH ES BISHER ALLEINE HINGEKRIEGT ..."

DU HAST CHIZU WEG-GEGEBEN, ...

NATÜRLICH NICHT.

NEIN, DAS STIMMT NICHT!

... WEIL DU KEINE LUST HATTEST, SIE ALLEINE ZU ERZIEHEN. DA KAM DIR DER NEUE ERSATZVATER GERADE RECHT, ODER WIE?

... DASS ER IHR EINE BESSERE UMGEBUNG BIETEN KANN ...

ICH DENKE NUR, ...

WIESO IST ER SO AUF-DRINGLICH ...

... ABER ...

WAS FÜR EIN MANN IST ER?

WIRKLICH? HAST DU DICH AUCH GUT INFOR-MIERT ...?

DAS IST ...

ER IST ÄLTER ALS ICH UND WIRKT VER-NÜNFTIG ...

...

ABER KANA IST DOCH AUCH NOCH DA.

WOHER WILLST DU WISSEN, DASS ER SEINE STIEFTOCHTER GENAUSO BEHANDELT WIE SEINE EIGENEN KINDER?

DU WEISST NICHT, OB ER EIN GUTER MENSCH IST, ...

... NUR WEIL ER ÄLTER IST ODER BODENSTÄNDIG AUSSIEHT.

UND SIE HAT IHR KIND VERLASSEN.

REDE NOCH MAL MIT IHR DARÜBER! FALLS IHR KEINE LÖSUNG FINDET, SOLLTET IHR LIEBER ZUM FAMILIENGERICHT GEHEN.

ICH WILL NICHT ...

... ABER ...

ICH WILL CHIZU ... JA NICHT WEGGEBEN, ...

...

UND EGAL, WIE WIR ENTSCHEIDEN, FÜR CHIZU IST DAS NICHT ANGENEHM...

ICH WILL NICHT SCHON WIEDER...

ABER WENN CHIZU NICHT MERKT, WIE DU DARUNTER LEIDEST, ...

... VOR CHIZU MIT IHRER MUTTER STREITEN...

... DENKT SIE VIELLEICHT, DASS SIE VON DIR IM STICH GELASSEN WURDE.

SIE HAT DAS SCHON GENUG MITANSEHEN MÜSSEN.

ABER...

WAS MISCHST DU DICH ÜBERHAUPT EIN?!

LASS MICH IN RUHE.

NIMM DIE JACKE MIT NACH OBEN.

JA.

YOSHIOKA HAT SEINE JACKE VERGESSEN.

KONISHI ... WAS DENKST DU DENN?

ICH HABE EUCH ZUM ERSTEN MAL RICHTIG STREITEN SEHEN.

ENT-SCHULDI-GUNG.

...

ABER ES ÄRGERT MICH AUCH EIN BISSCHEN, DASS DU MIR AUCH NICHTS GESAGT HAST.

ICH WEISS, DASS DU DEN ANDEREN NICHT ZUR LAST FALLEN MÖCHTEST ...

YOSHIOKA HAT GESAGT, DASS ER IN EINEM HEIM AUFGEWACHSEN IST ...

»SIE DENKT VIELLEICHT, DASS SIE VON DIR IM STICH GELASSEN WURDE.«

»DU HAST DOCH GESAGT, DASS DU SIE NICHT WEGGEBEN MÖCHTEST.«

»WAR DAS GELOGEN?«

»WAS MISCHST DU DICH ÜBERHAUPT EIN?!«

ER WAR SAUER, WEIL ER GUT NACHVOLLZIEHEN KONNTE, WIE SICH KINDER IN SO EINER SITUATION FÜHLEN ...

VERLETZT SAH ER AUS.

«ES WAR ANSCHEINEND NUR MEIN TRAUM.»

«SORRY.»

NEIN ...

«OKAY ...»

«DU HAST JA OFT GENUG ABGELEHNT, BEI MIR EINZUZIEHEN.»

«WIE DU MEINST.»

... SIND FORT.

SOWOHL CHIZU-...

... ALS AUCH YOSHIOKA ...

ICH WILL GEBRATENE NUDELN!

ICH KRIEG KEINE LUFT...

ICH KONNTE MIR SCHON VORSTELLEN, MIT IHM ZUSAMMEN ZU WOHNEN...

ACH KAZUKI, IMMER DAS GLEICHE.

SETZ DICH RICHTIG HIN.

WAS HAT MICH GESTÖRT...?

MAMA, GEBRATENE NUDELN!

DU KRIEGST JA WELCHE, MORGEN IM FREIZEITPARK!

WARUM...?

OKAY.

RATTER

GRUMMEL

KAZUKI, SETZ DICH ORDENTLICH HIN. CHIZU IST AUCH GANZ BRAV.

ICH ESSE JA SCHON!

NA DANN LOS, WORAUF WARTEST DU?

WIR SIND MORGEN DEN GANZEN TAG UNTERWEGS. ESST RICHTIG, DAMIT IHR MORGEN ENERGIE ZUM SPIELEN HABT!

HAHA!

OKAY.

JA, MACH ICH.

SCHÖN AUFFESSEN!

DING DONG

...

!

TAPP TAPP TAPP KLACK

AH ...

- ER HAT MICH DARUM GEBETEN, DIR DEN SCHLÜSSEL ZURÜCKZUBRINGEN.

- BIST DU ENTTÄUSCHT, DASS ICH NICHT OSAWA BIN?

- NOBUTAKA...?

- DIE HAST DU VERGESSEN.

- WIE GEHT'S IHM?

- NA JA...
- EINSAM SAH ER AUS. ABER ER HAT GUT GEARBEITET.

- HMM ...

- BIST DU SAUER, WEIL ER SO KALT ZU DIR WAR?

- ICH WAR SELBST ÜBERRASCHT, DASS ICH SO AUFGEREGT WAR.
- NICHT WIRKLICH ...

- OSAWA IST NICHT DEIN VATER.

…
BIST DU ENTTÄUSCHT, DASS ER EINFACH SO DAS SORGERECHT AUFGIBT, …
… OBWOHL ER WIE EIN RICHTIG GUTER VATER WIRKT?
NEIN, DAS HABE ICH NIE GEDACHT.
ICH FAND ES TOLL, …
… DASS ER SICH IMMER SO ANSTRENGT.
ICH WOLLTE IHN EINFACH UNTERSTÜTZEN …
ES WAR ZWAR SCHADE, DASS ER SICH NICHT SO VIEL HELFEN LASSEN WOLLTE …
ABER ER HAT VIEL FÜR MICH GETAN …
ER HÄTTE MIR …
… DAVON ERZÄHLEN SOLLEN.
DIE ZEIT DAFÜR HATTEN WIR.
JA, STIMMT SCHON …
OSAWA LÄSST SICH NICHT SO GERN VON ANDEREN HELFEN.

ICH HABE ABER AUCH GEMERKT, ...
... DASS ER IN LETZTER ZEIT ZIEMLICH RELAXED WAR.
IRGENDWIE WIRKTE ER ENTSPANNT, ...
... OBWOHL ER WIRKLICH VIEL ZU TUN HATTE.
...
UND DU ...
... HAST DICH FRÜHER IMMER ÜBER ANDERE AMÜSIERT ...
UND JETZT? ENDLICH DENKST DU MAL ERNSTHAFT ÜBER ETWAS NACH.
SORRY, DASS ICH DAS NICHT GEBACKEN KRIEGE.
WOVON REDEST DU?
DU HAST GÖTTERSPEISE FÜR UNS DREI GEMACHT!
ALSO UNTERSTÜTZT DU UNSERE GEMEINSAME ZUKUNFT, RICHTIG?
TRÄUM WEITER!

NOBUTAKA, DU BIST EIN GANZ TOLLER TYP! ICH BIN FAST VERLIEBT IN DICH. ♡

SCHNAU-ZE! GENAU DAS KANN ICH AN DIR NICHT LEIDEN!

MACH KEINEN BLÖDSINN.

OSAWA HAT VIEL MEHR PROBLEME ALS WIR.

BIS DANN...

ICH MUSS MICH UMZIEHEN ...

... UND RICHTIG SCHLAFEN ...

KANA HAT MIR NUR KURZ GESCHRIEBEN, ...

... DASS SIE CHIZU ABGEHOLT HAT. DAS WAR'S.

OB SICH CHIZU ...

... ZUR ARBEIT.

MORGEN MUSS ICH WIEDER ...

„WAS MISCHST DU DICH ÜBERHAUPT EIN?!"

... IN IHRER NEUEN UMGEBUNG WOHLFÜHLT?

... UND WEGEN YOSHIOKAS WORTEN KAUM SCHLAFEN.

... KONNTE ICH VOR LAUTER REUE ...

IN DIESER NACHT ...

... NICHTS MEHR, ALS DASS SIE GLÜCKLICH IST ...

ICH WÜNSCHE MIR ...

— MACHST DU MEINE HAARE?

— ICH MUSS ERST DAS MITTAGESSEN FERTIG MACHEN. ALSO NACHHER, OKAY?

— WIR NEHMEN DICH NICHT MIT, WENN DU DICH NICHT WÄSCHST!

— KAZU, HAST DU SCHON DEIN GESICHT GEWASCHEN?

— JA.

— NOCH NICHT!

TAPP
TAPP
TAPP
TAPP

— CHIZU, SCHAUST DU MAL, WAS KAZU MACHT?

— MAMA ...

— JA.

— DAS HAB ICH VON YOSHI!
— DAS IST NICHT EKLIG ...
— SIEHT JA EKLIG AUS!
— IST DAS EIN FROSCH?
— MEIN HAARGUMMI.
— WAS IST DAS?

— AUA!
BANG
— LASS LOS!
— GIB MAL HER!
— NEIN!!
— NEIN!
GRAPP

— SO EIN MIST!

— AUA!
— AH!
Ziiieh

KNACKS
DU BLÖDI!
DOMP
GONG
!
UH ...
UWÄÄÄH!!
KAZU, WAS IST LOS?
SIE HAT DAS GETAAAAN!
WAS IST HIER LOS AM FRÜHEN MORGEN?
SCHRECK
UWÄÄÄH!!
ER HAT ...
CHIZU! DU DARFST IHN NICHT HAUEN.

GUTEN MORGEN.

ENTSCHULDIGE WEGEN GESTERN ....

AM WOCHENENDE MACHEN WIR ERST SO SPÄT AUF ...

UND DU SIEHST TROTZDEM MÜDE AUS.

...

AH.... JA ...

VIELEN DANK.

DEN SCHLÜSSEL HABE ICH IHM ZURÜCK-GEGEBEN.

PIEP

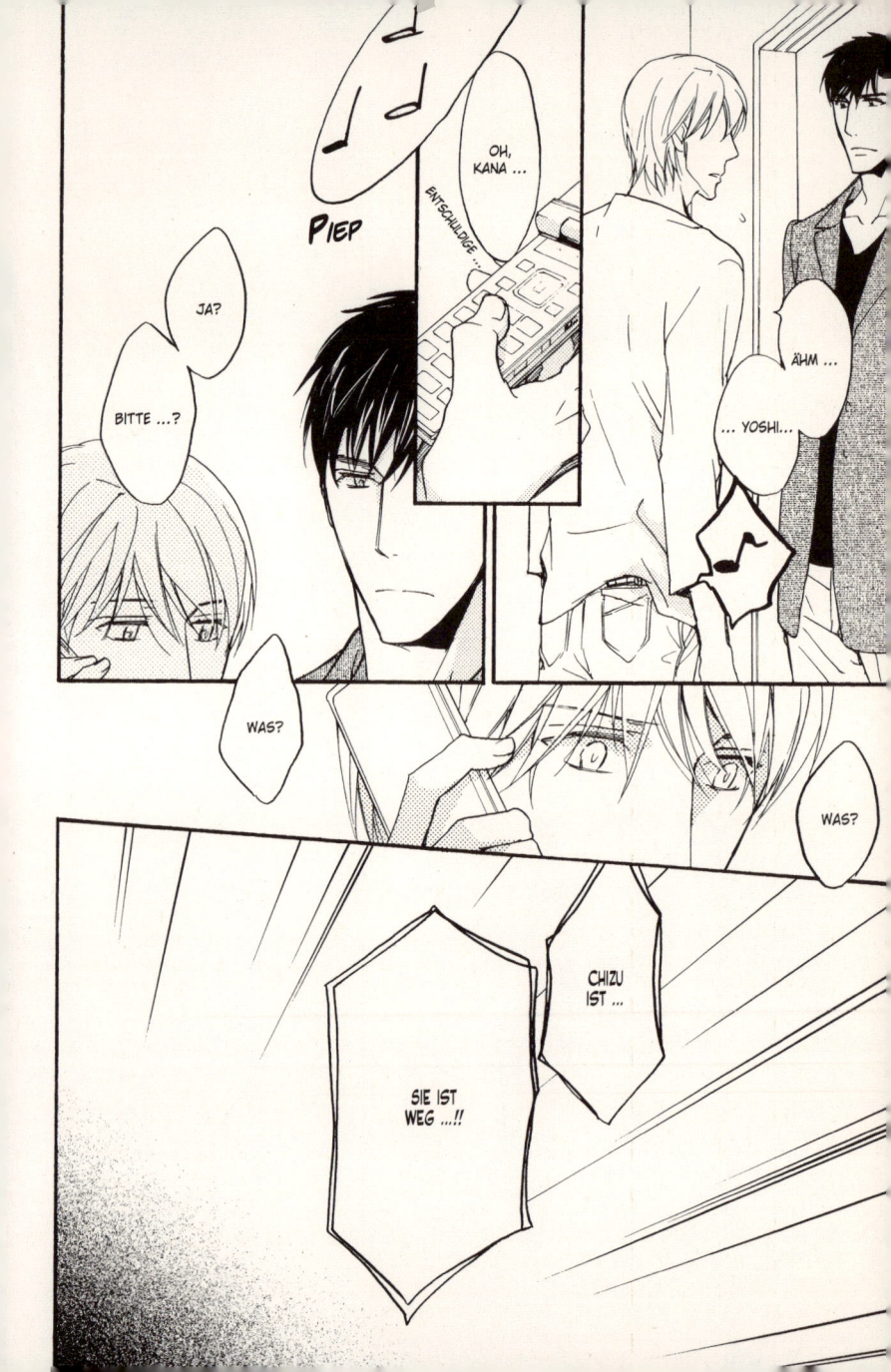

JA?

BITTE...?

OH, KANA...

ENTSCHULDIGE...

ÄHM...

...YOSHI...

WAS?

WAS?

CHIZU IST...

SIE IST WEG...!!

BUBUMM

Trau dich

Ausflug ans Meer

AHA HA HA.

NICHT DAS ESSEN, ...

... SONDERN VON DEN KARUSSELLS!

GEBRATENE NUDELN!

NUDELN ESSEN WIR SPÄTER!

KAZU, WAS MÖCHTEST DU ZUERST?

AHA HA HA HA

KYAAH!!

KAPITEL 12

Trau dich

UND DU ...

CHIZU, WAS MÖCHTEST ...

CHIZU ...?!

Trau dich
Kapitel 12

JA, JA...

KLACK

DING DONG

DING DONG

ICH MACH JA AUF...

OSAWA...?!

WAS IST LOS?

WARUM SOLL...

DU HÄTTEST MICH AUCH ANRUF... AH!

IST ...

IST CHIZU HIER?

SORRY.

MEIN HANDY IST JA IN MEINER JACKENTASCHE...

ERZÄHL ...

IST WAS PASSIERT?

...

SIE HABEN NACH IHR GESUCHT UND EINE DURCHSAGE GEMACHT ...

SIE WAR MIT KANAS NEUER FAMILIE IM FREIZEITPARK ...

SIE HABEN CHIZU KURZ AUS DEN AUGEN GELASSEN UND SCHON WAR SIE WEG.

BEI DER POLIZEI WAREN SIE AUCH ... ABER CHIZU IST IMMER NOCH VERSCHWUNDEN.

KANA HAT MICH GEFRAGT, OB SIE BEI MIR IST.

WE...

DAS WÄRE ALLES NICHT PASSIERT, ...

... WENN ICH SIE NICHT WEGGEGEBEN HÄTTE ...

WENN SIE VON JEMANDEM ENTFÜHRT WURDE ...

WAS SOLL ICH JETZT BLOSS ...

CHIZU IST EIN KLUGES KIND.

BERUHIG DICH ERST MAL.

VIELLEICHT KOMMT SIE WIRKLICH HIERHER.

WIR FINDEN SIE.

JA ...

ACH SO, WAS IST MIT DEINER ARBEIT …?
MEIN CHEF HAT GESAGT, DASS ICH HEUTE FREI-MACHEN KANN.
FALLS SIE HIERHER KOMMT, SAG ICH DIR BESCHEID.
ALSO GEH RUHIG!
WIR SCHAFFEN DAS SCHON.
ICH HELFE MIT!
LASS UNS ÜBERLEGEN, WO SIE HINGEHEN KÖNNTE.
LASS UNS GETRENNT SUCHEN.
UND BESSER ZU FUSS ALS MIT DEM FAHRRAD.
JA.
ICH KANN VERSTEHEN, DASS DU BEUNRUHIGT BIST.
ABER WIR SUCHEN EINE NACH DER ANDEREN DIE STELLEN AB, DIE SIE KENNT.
DAS IST BESSER ALS HIER RUM-ZUSTEHEN, ODER?
NICK
WENN DU WAS HAST, RUF MICH AN!
JA.
ENT-SCHULDI-GUNG …
KÖNNTEN SIE MICH ANRUFEN, FALLS HIER EIN KLEINES MÄDCHEN AUFTAUCHT?
ACH, DAS MÄDCHEN, MIT DEM SIE LETZTENS HIER WAREN?
JA, RICHTIG.

ICH GEH ZUM BAHNHOF. DU SUCHST BEI DEINER WOHNUNG UND AUF DEM SPIELPLATZ.

WEINEN KANNST DU SPÄTER!

JA.

PATT

SIE TAUCHT SCHON WIEDER AUF!

OKAY.

WENN IHR WAS ZUSTÖSST ...!

CHIZU ...

CHIZU ...

ICH HÄTTE SIE BEI MIR BEHALTEN SOLLEN, AUCH WENN ICH DADURCH YOSHIOKA UND DEN ANDEREN ZUR LAST FALLE ...

HÄTTE ICH SIE BLOSS NICHT WEGGEGEBEN!

„ER HAT JA SO OFT ANGEBOTEN, MICH ZU UNTERSTÜTZEN ..."

„WEINEN KANNST DU SPÄTER!"

„SIE TAUCHT SCHON WIEDER AUF!"

WEINEN KANN ICH SPÄTER.

WIR MÜSSEN ZUERST CHIZU FINDEN!

ÄHM ... ICH GLAUBE NICHT.

IST DAS MÄDCHEN INZWISCHEN VORBEIGEKOMMEN?

ICH GEHE NOCH MAL ZU UNSERER WOHNUNG.

WO KÖNNTE SIE NOCH SEIN ...?

ICH SEHE LIEBER SELBST NOCH MAL NACH.

SIE GLAUBEN NICHT ...?

VIELLEICHT HAT OSAWA SCHON ...

DANACH NOCH MAL ZUM BAHNHOF ...

CHIZU?!

NEIN ...	NEIN, IST ETWAS PASSIERT?

FALLS ICH SIE SEHE, SAG ICH IHNEN BESCHEID.

DANKE.

HALLO! CHIZUS PAPA!

ENTSCHULDIGUNG ...

GUTEN TAG!

HABEN SIE VIELLEICHT CHIZU GESEHEN?

YOSHIOKA ...

PIEP

ZUCK

GUT, DASS ICH MIT DEN ANDEREN MÜTTERN TELEFONNUMMERN AUSGETAUSCHT HABE.

NACHBARSCHAFTSBEZIEHUNGEN SIND EBEN WICHTIG ...

JA?

CHIZU IST BEI MIR!

JA, ICH WARTE AUF DICH.

JA.

WIR BLEIBEN IN MEINER WOHNUNG.

ES GEHT IHR GUT. MACH DIR KEINE SORGEN!

PIEP

KLAMMER

DU HAST UNS EINEN GANZ SCHÖNEN SCHRECKEN EINGEJAGT.

ENT-SCHULDI-GUNG ...

ES IST TOLL, DASS DU ALLEINE ZUG FAHREN KANNST, ABER DU DARFST NICHT EINFACH SO WEGLAUFEN.

WUSCHEL WUSCHEL

BRAV, DASS DU DICH ENTSCHULDIGST!

GRAPP

CHIZU!

DING DONG

SST

OSA...

OSAWA, ...

... SCHIMPF BITTE NICHT MIT IHR ...

PATSCH

GOTT SEI DANK IST DIR NICHTS PASSIERT ...

UWÄÄÄÄH!

DRÜCK

UUH ...

WIR HABEN UNS SORGEN GEMACHT!

AH ...

GUT, DASS IHR NICHTS PASSIERT IST.

ICH DANKE DIR NOCH MAL.

YOSHIOKA ...

JA ...

IST SIE EINGESCHLAFEN?

KLACK

JA.

SIE IST VOM WEINEN MÜDE GEWORDEN.

DEIN FROSCH! DEIN FROSCH IST ...!

WAS IST LOS?

SIE IST GANZ ALLEINE HIERHER GEFAHREN.

ICH DENKE, ICH MÖCHTE CHIZU DOCH SELBER GROSSZIEHEN.

ICH ...

DAS KANN ICH MIR GUT VORSTELLEN. AUSSERDEM FINDE ICH KOMISCH, ...

WAHRSCHEINLICH FÜHLT SIE SICH BEI KANA NICHT WOHL.

... DASS DIE BEIDEN NICHT MAL VORBEIKOMMEN, NACHDEM DU MIT IHNEN TELEFONIERT HAST.

ICH HELFE DIR DABEI, SIE ZU ÜBERZEUGEN.

DIE GESETZESLAGE IST JA FÜR VÄTER EHER NACHTEILIG, ABER SOLANGE IHR DAS DURCH EIN PRIVATES GESPRÄCH KLÄREN KÖNNT, HAST DU GUTE CHANCEN.

ALLEINERZIEHENDE VÄTER BEKOMMEN KEIN FAMILIENGELD.

JA ...

ABER ICH WERDE DIR HELFEN!

ICH DANKE DIR.

... UND DENKE, DASS ES DER BESTE WEG IST.

ICH HAB ES MIR ÜBERLEGT ...

JA ...

OH ... DU ... NIMMST MEINE HILFE AN?

SCHÖN.

DAS FREUT MICH.

ICH HABE SCHON LANGE NICHT MEHR ERLEBT, DASS SIE SO VIEL WEINT.
DABEI WAR DER KLAPS GAR NICHT SO STARK.
...
SIE HAT WAHR-SCHEINLICH ...
... DIE GANZE ZEIT IHRE GEFÜHLE UNTERDRÜCKT ...
VOR EINER WEILE, ...
... ALS ICH SIE VON DER ABENDBETREU-UNG ABGEHOLT HABE, ...
... WAR SIE DIE EINZIGE, DIE NICHT GEWEINT HAT.
UND SIE SAGTE ...
... „DURCH WEINEN KOMMT PAPA AUCH NICHT FRÜHER!"
IN DIESEM ALTER SIND MÄDCHEN OFT ZIEMLICH SELBSTSTÄNDIG ...
AHA HA HA ...
SIE IST STARK!
JA. WIE GESAGT, SO WAS WIE HEUTE IST NOCH NIE VORGEKOMMEN.

DAS WAR TOTAL SÜSS.

DU KANNST RUHIG NOCH EMOTIONALER SEIN.

ICH HABE AUCH ...

... ZUM ERSTEN MAL GESEHEN, DASS DU WEINST.

ICH ...

... MAG DICH WIRKLICH SEHR.

BLUSH

SCHON WIEDER DIESE ...

KEINE SORGE.

DOCH NUR, WEIL DU DIR SONST NICHT HELFEN LÄSST ...

DU LÄSST DICH AUCH MAL VERWÖHNEN, ...

... ABER WENN'S DRAUF ANKOMMT, KANNST DU AUCH ERNST SEIN ...

DAS FINDE ICH GUT.

DU HAST DEN NÄCHSTEN ANSATZ ...

HAST DU WIRKLICH KEINE LUST, MEIN FREUND ZU WERDEN?

ICH WERDE MICH GANZ DOLL BEMÜHEN!

NOBUTAKA HAT MICH GESTERN DARAN ERINNERT, DASS DU NICHT MEIN ERSATZVATER BIST.
NOBU...?
MEIN CHEF?
ICH SEHE DICH NICHT UNBEDINGT ALS IDEALE VATERFIGUR ...
ABER ICH BIN IN EINEM HEIM AUFGE-WACHSEN ...
... UND HABE DESHALB GERN ZUGESEHEN, WIE DU DICH ALS VATER ANSTRENGST ...
UND WENN ICH DIR HELFEN KANN, FÜHLE ICH MICH GUT.
DESWEGEN HABE ICH MIR GEWÜNSCHT, WEITER MIT EUCH ZUSAMMEN ZU LEBEN.
ES IST DOCH ...
... EIN GUTES GEFÜHL, GEBRAUCHT ZU WERDEN.
HEISST ABER NICHT, DASS ICH EINE GEGEN-LEISTUNG ERWARTE.
...
ICH DACHTE IMMER, DASS ER MIR GANZ SELBSTLOS HILFT ...

WAS DENN?

STARR

ICH ...

DAS KAM ZIEMLICH UNERWARTET.

... FÜHLE MICH SICHER, WENN DU BEI MIR BIST.

!

...

ICH MEINE, WENN DU IMMER NOCH MÖCHTEST ...

NACH DER SACHE MIT CHIZU HABE ICH MICH ENTSCHIEDEN.

ICH SOLLTE DEINE HILFE EINFACH AKZEPTIEREN, OHNE DIESE MÄTZCHEN.

YO...

YOSHIOKA?!

ÜBERHAUPT KEIN PROBLEM!

ICH HELFE DIR!

HOL EINFACH CHIZU ZURÜCK.

UND DANN LASS UNS ZU DRITT HIER WOHNEN!

LÄCHEL

IRGENDWIE ...

JA ...

JA, DAS KANN SEIN.

... DER EHER EINEN SCHLECHTEN EINDRUCK GEMACHT HAT.

BIS VOR KURZEM WARST DU BLOSS EIN GAST IN MEINEM RESTAURANT, ...

KOMISCH ...

DU BIST GEMEIN.

UND ...
... JETZT ...?

UND WIE IST ES JETZT?

POCH

WAS WOLLTE ICH GERADE SAGEN ...?

DU BIST NICHT SAUER?

OH?!

ICH MAG DICH ...

IRGENDWIE ...

... IST ES KOMISCH ...

OBWOHL DU EIN MANN BIST, HAB ICH ...

HAST DU ...?

...

WIRKLICH KOMISCH ...

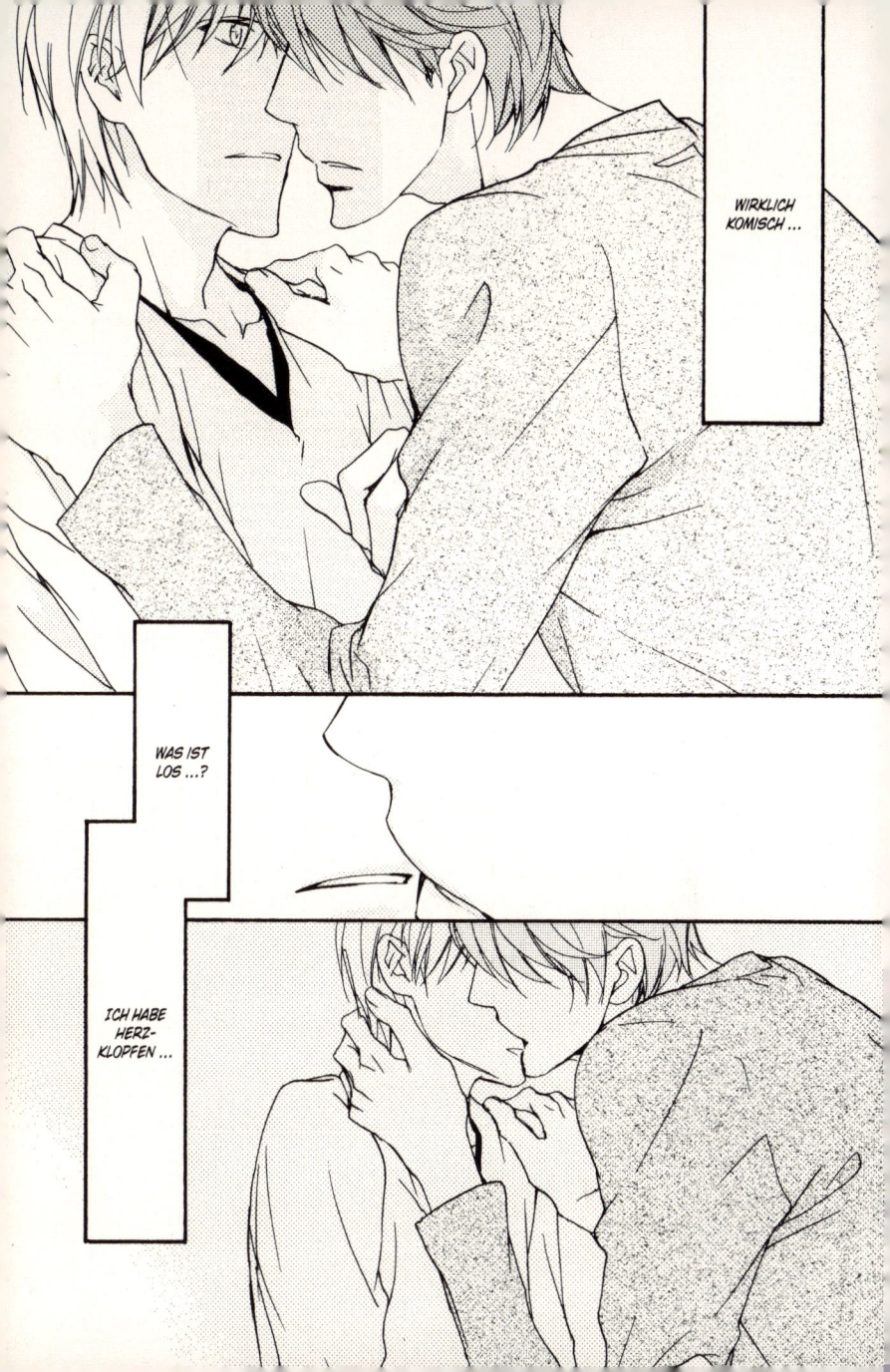

WAS IST LOS ...?

ICH HABE HERZ-KLOPFEN ...

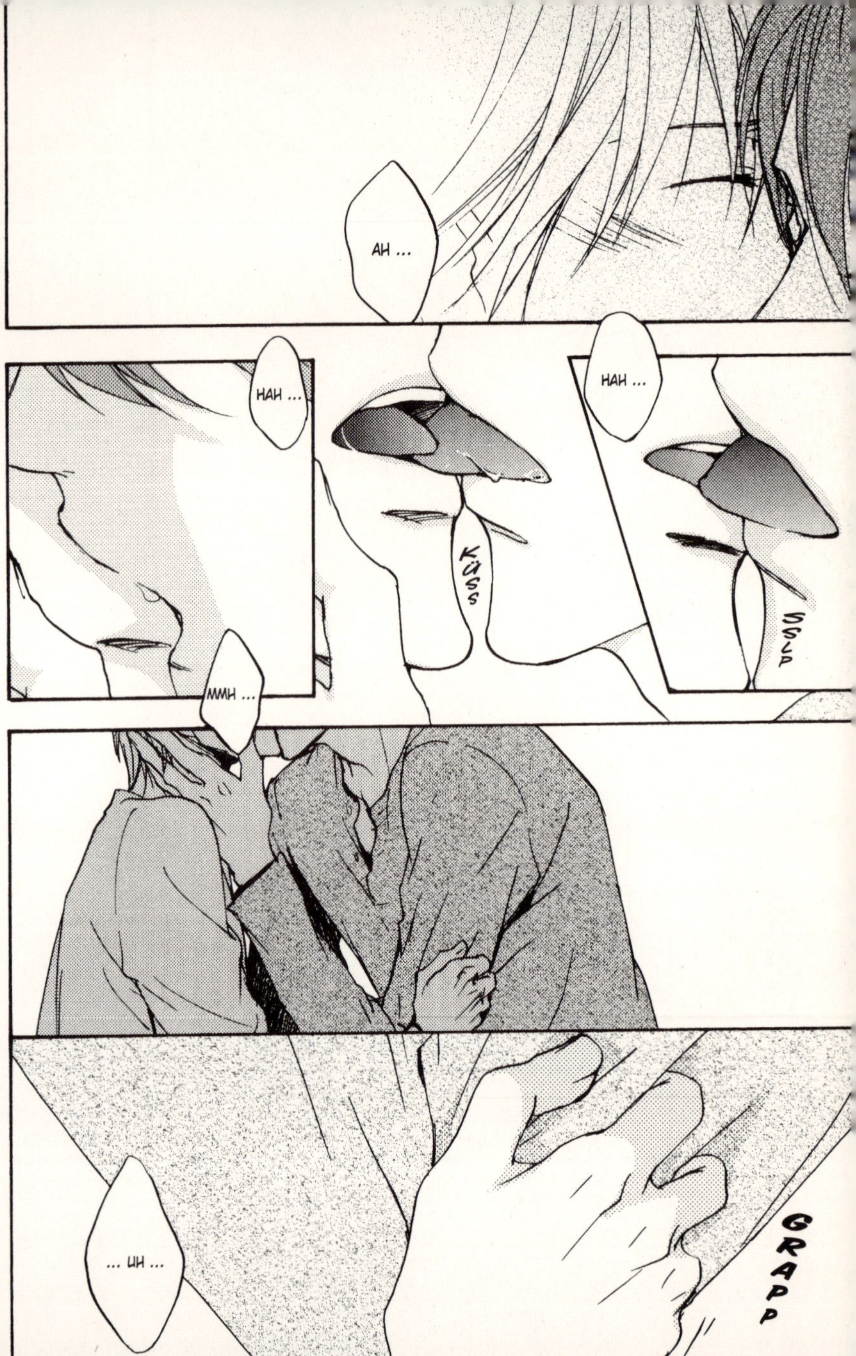

AH ...
HAH ...
SSLP
KÜSS
HAH ...
MMH ...
GRAPP
... UH ...

Kapitel 13
Trau dich

MMH ...
HAH ...

ZUCK

MM ...

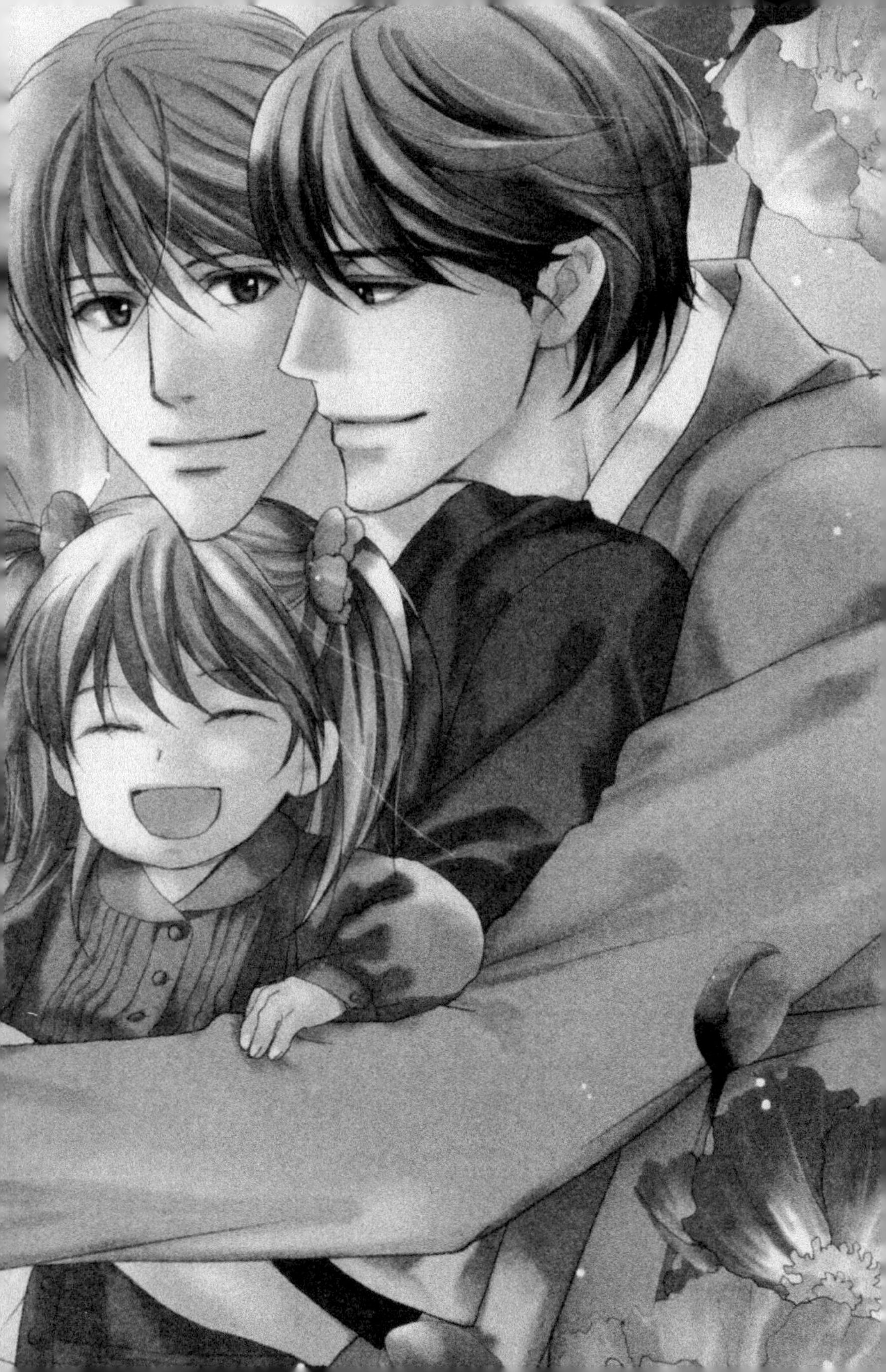

Trau dich
Kapitel 13

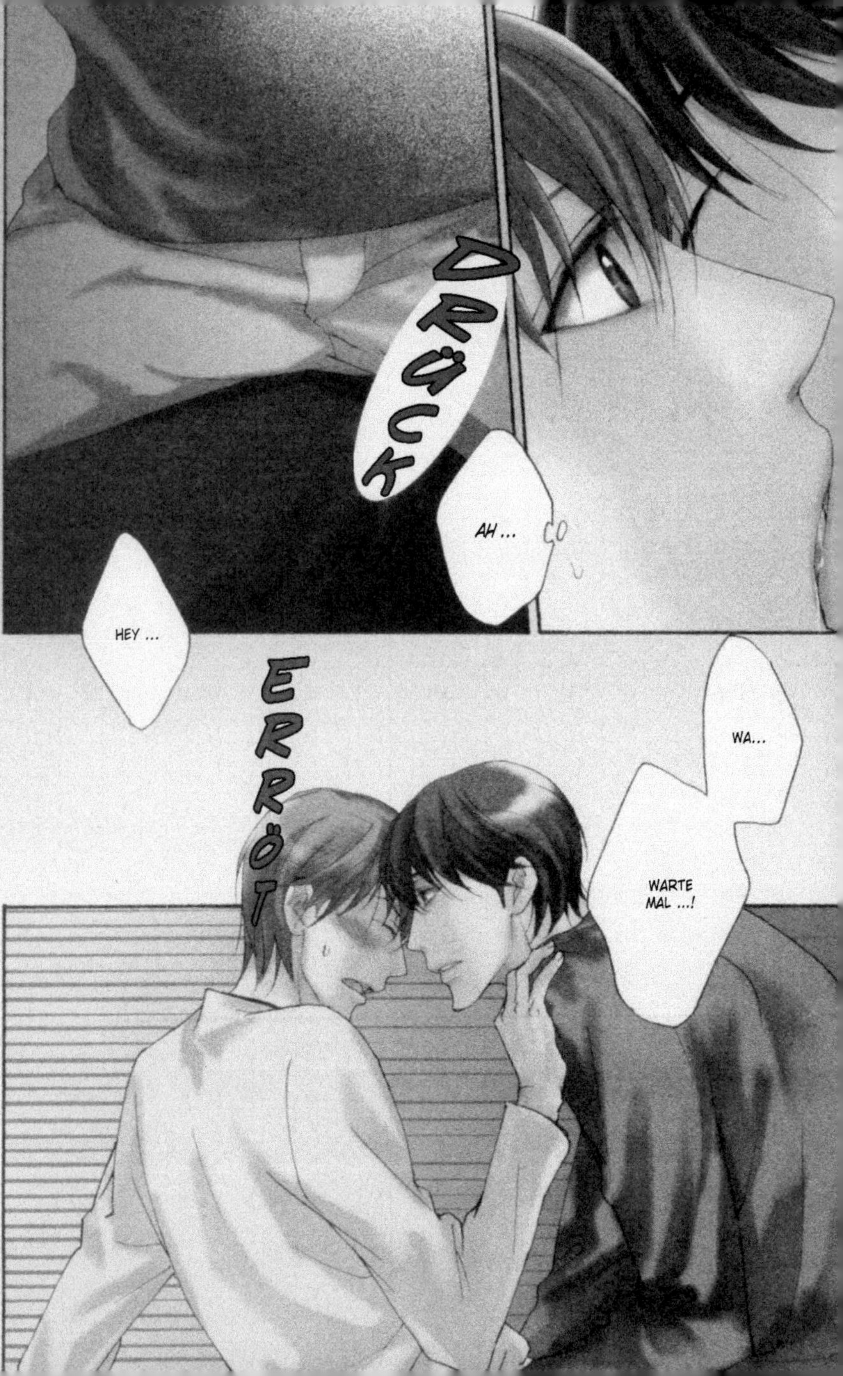
DRÜCK
AH ...
HEY ...
ERRÖT
WA...
WARTE MAL ...!

ES IST NICHTS SCHLECHTES ...

ABER ...

UND KÖRPERLICH ...

WARUM ...?

TUT MIR LEID!

SORRY, ICH KANN NICHT MEHR WARTEN ...

DAS KANNST DU MIR ÜBERLASSEN.

WAAAAAS?!

ÄHM ...

... ALSO ...

ABER ... ICH BIN MENTAL NOCH GAR NICHT DARAUF VORBEREITET ...

OBWOHL ICH KEIN TEENIE MEHR BIN ...

JA, ...

... EIN BISSCHEN ...

DAS MEINE ICH NICHT.

HAST DU ANGST?

...

WAHRSCHEINLICH HAST DU NOCH NIE MIT EINEM MANN GESCHLAFEN.
UND DU WEISST NICHT GENAU, WIE'S GEHT, ODER?
NICHT GENAU ...?
GIBT'S ETWA VERSCHIEDENE METHODEN?
JA ...
SST
AH ...
WO ...
LASS DAS!
DEIN KÖRPER REAGIERT ...
NEIN, DAS GEHT NICHT ...!
WENN CHIZU AUFWACHT, ...
SIE SCHLÄFT GLEICH NEBENAN.
... DANN ...
ACH, DAS IST DEIN PROBLEM?
WAS?

!

DANN ...

... KOMM DOCH MIT IN MEIN ZIMMER.

...

WARUM ...?

WARUM KANN ICH NICHT NEIN SAGEN ...?
HEISST DAS, ...
... ICH WILL ES AUCH?
BIST DU NERVÖS?
BUBUMM
JA.
ICH MUSS VORHER NOCH DUSCH...
BRAUCHST DU NICHT, WIR SCHWITZEN SOWIESO.
BIN ICH IN IHN VERLIEBT ...?
ABER ...
... ÄHM ...
JA?
BOFF
VERLIEBT?
KNAARZ

JA, GENAU...

ICH BIN IN IHN VERLIEBT...

BUBUMM

BUBUMM

SEIT WANN...

BUBUMM

... BIN ICH...

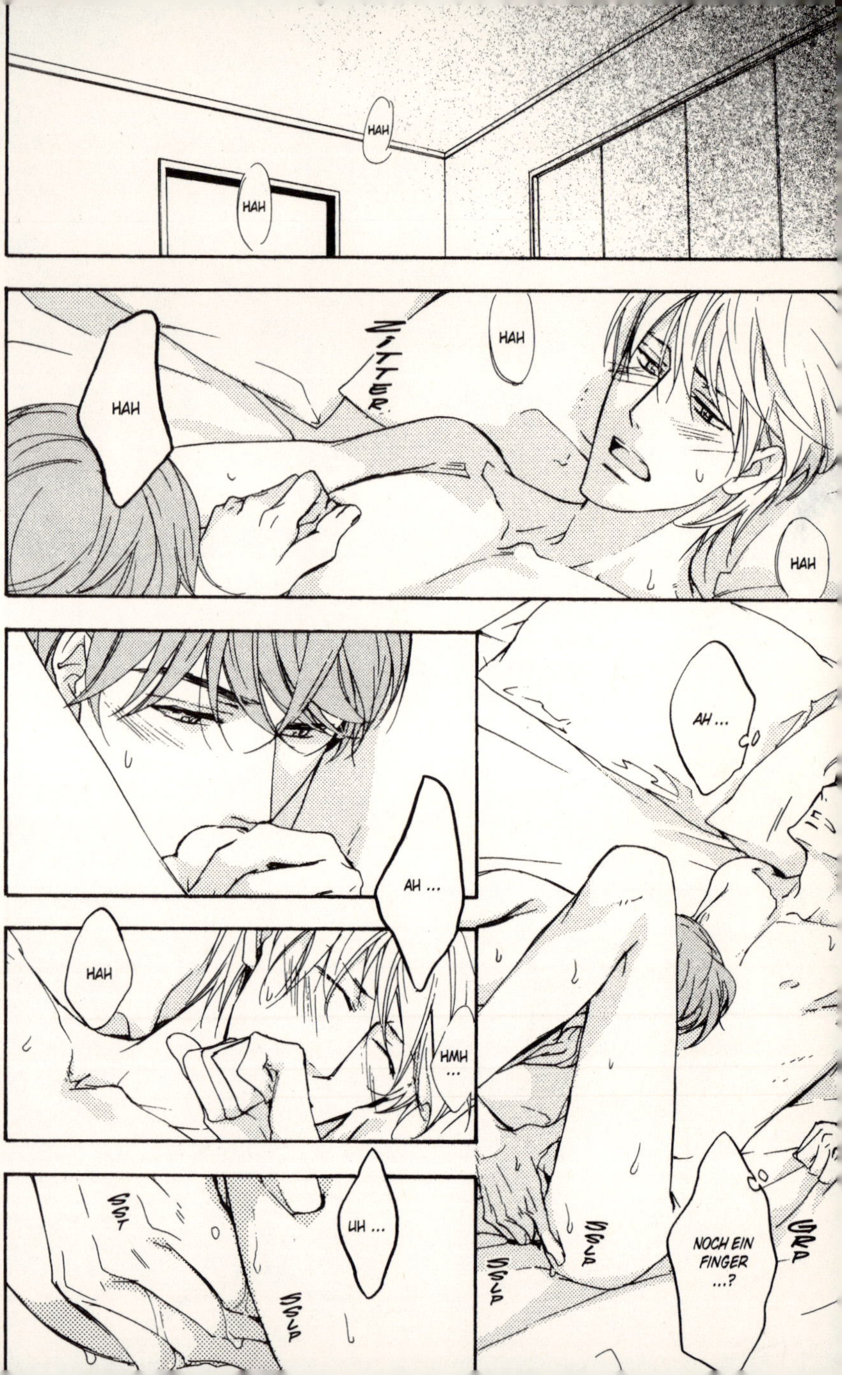
HAH
HAH
HAH
HAH
ZITTER
HAH
AH ...
AH ...
HMH ...
HAH
NOCH EIN FINGER ...?
UH ...

HAH

ICH DACHTE, DASS SEX ZWISCHEN MÄNNERN EINFACHER IST ...

DAS SIEHT GUT AUS ...

ICH MEINTE DAS EHER IRONISCH ...

DANKE!

NUR WEIL DU SO VIEL ERFAHRUNG HAST ...

HAH

DU BIST VIELLEICHT EIN NATURTALENT.

ENTSPANN DICH!

ICH BIN GANZ VORSICHTIG.

AH ...

SCHLUP
SSLP
ZUCK
UGH ...
WHUCK
SSLP
WHUCK
KRASS ...
AH ...
GNN
GING LEICHTER, ALS ICH DACHTE, ...
... ABER ...
HAH
HAH
UH...
MACH DICH LOCKER.
GRABB
SSLP
ZUCK
AH ...

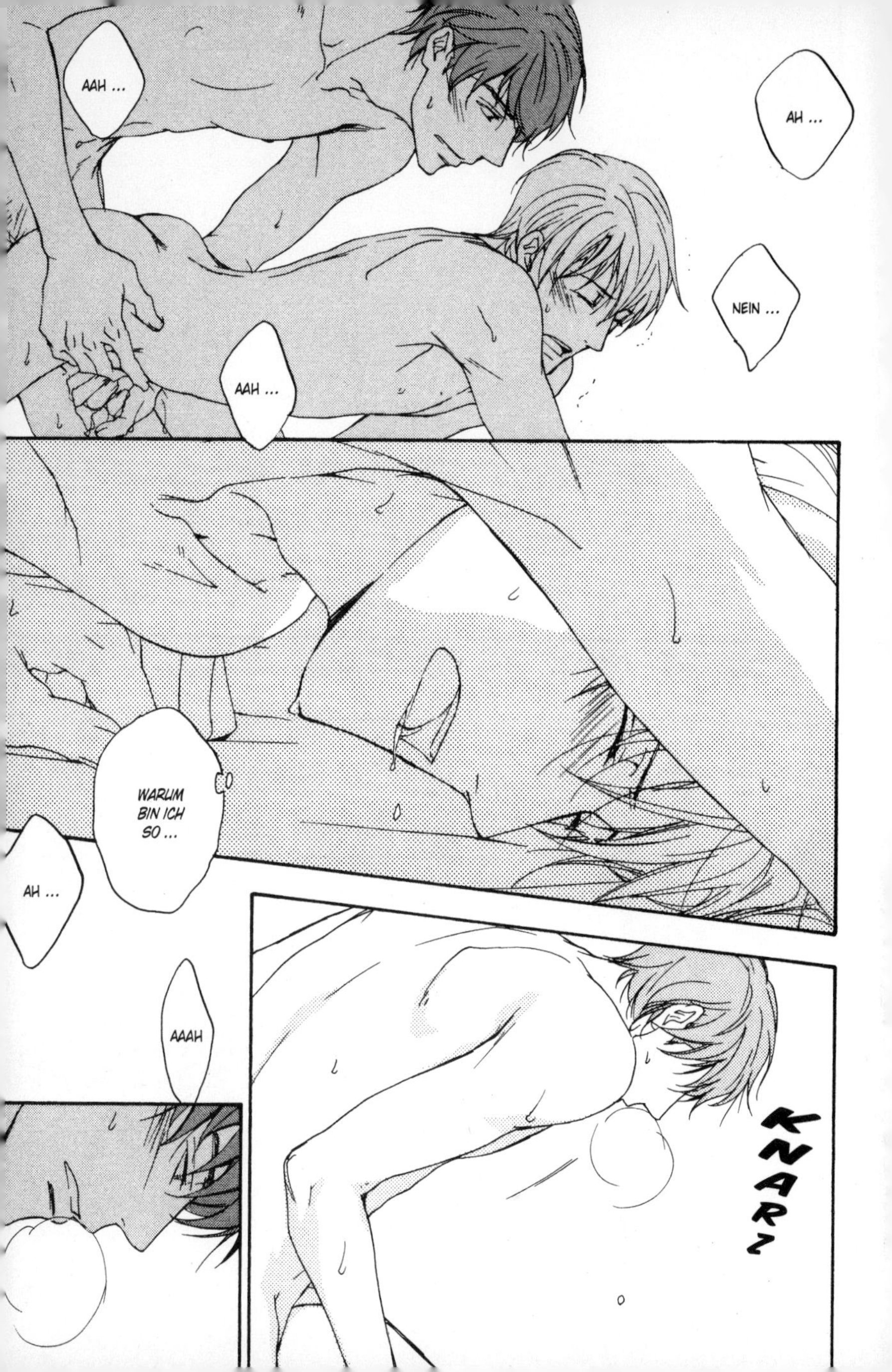
AH ...
NEIN ...
AAH ...
AAH ...
WARUM BIN ICH SO ...
AH ...
AAAH
KNARZ

AH ...

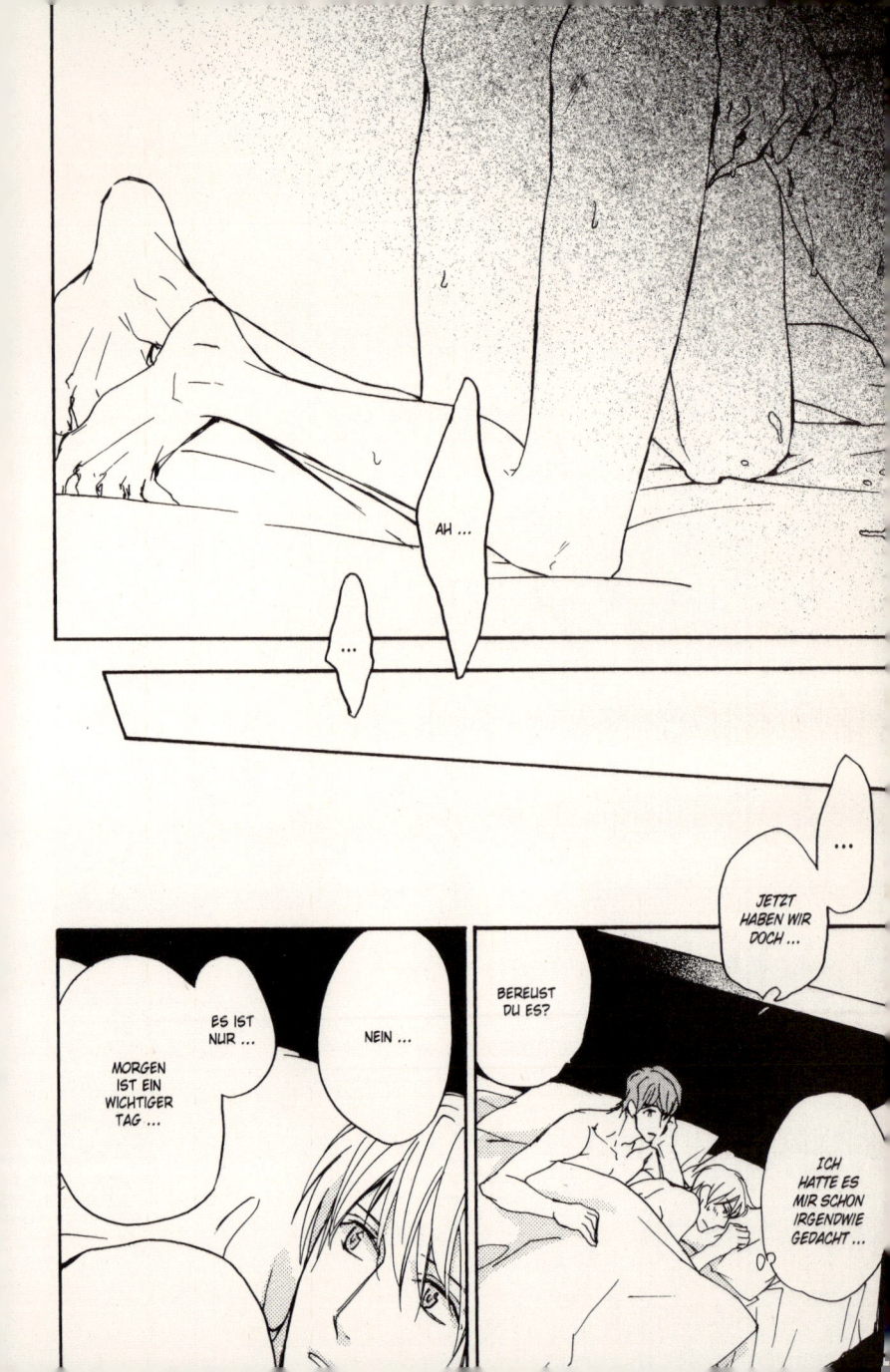

...

...

JETZT HABEN WIR DOCH ...

BEREUST DU ES?

ES IST NUR ...

NEIN ...

MORGEN IST EIN WICHTIGER TAG ...

ICH HATTE ES MIR SCHON IRGENDWIE GEDACHT ...

POCH
ER STARRT MICH AN ...
KEINE SORGE.
ALLES WIRD GUT.
ICH KANN NICHT COOL BLEIBEN, ...
... WENN ICH BEI IHM BIN.
SAG DAS NICHT SO EINFACH.
UND GUCK MICH NICHT DIE GANZE ZEIT SO ...
ERRÖT
DU MACHST DIR ZU VIELE GEDANKEN.
ES KOMMT, WIE ES KOMMT.
MACH DIR KEINEN KOPF.
WENN ER BEI MIR IST, ...
... DENKE ICH MANCHMAL, DASS SCHON ALLES GUT WERDEN WIRD.
KOMISCH.
JETZT SIND WIR SO WEIT GEKOMMEN, JETZT ÜBERNEHME ICH AUCH VER-ANTWORTUNG FÜR DICH.
SO WEIT? VERANT-WORTUNG?
DAS HEUTE HATTEST DU ALSO SCHON LANGE GEPLANT?
NEIN, EIGENTLICH NICHT.
DU HÄTTEST MICH AUCH NOCH LÄNGER HINHALTEN KÖNNEN.
ABER DU ... BRAUCHTEST IRGENDEINEN ANLASS ...
... ODER ETWAS ÄHNLICHES, UM DIESEN SCHRITT ZU GEHEN, ODER?

IICH FÜHLE MICH WOHL, ...

... WEIL ER MICH IMMER UNTERSTÜTZT.

HM?

EIGENTLICH NICHT.

DU UNTERSTÜTZT MICH JA SCHON BEI VIELEN DINGEN.

AHA·HA HA

TYPISCH OSAWA!

ICH GEHE ZU CHIZU.

WIE? SCHON?

ICH GEHE DUSCHEN...

WENN SIE MORGEN AUFWACHT, ...

... MÖCHTE ICH BEI IHR SEIN.

KOMISCHES GEFÜHL IM BAUCH...

UND VORHER WASCHE ICH DICH.

DAS MAG ICH AN DIR!

DANN SCHLAFE ICH AUCH DRÜBEN.

WAS?!

SIE SCHLÄFT TIEF UND FEST.
MÖCHTEST DU WIRKLICH HIER SCHLAFEN?
JA.
WIR DREI NEBEN-EINANDER, WIE EINE FAMILIE.
…
川
KAUM VOR-STELLBAR, DASS WIR GERADE MITEINANDER GESCHLAFEN HABEN.
BIN MÜDE.
*JAP. ZEICHEN FÜR „FLUSS“
BIS VOR KURZEM …
… HÄTTE ICH MIR DAS NIEMALS VORSTELLEN KÖNNEN …

ALLE HINSETZEN, WIR FAHREN AAAB!
HMPF ...
WARUM MÜSSEN DIE KINDER AUSGERECHNET HIER SEIN?
SIE HÄTTEN DOCH HIER DRÜBER REDEN KÖNNEN.
SIE SIND BEI YOSHIOKA, DAMIT DU DICH NICHT EINMISCHEN KANNST ...
RABAMM! RABAMM! RABAMM!
HEY, DAS IST KEIN SPIELPLATZ HIER!
RATSCH
GRRROLL
SETZT DICH ORDENTLICH HIN! ODER WILLST DU 'NE KOPFNUSS?
ISS DEIN EIS, BEVOR ES SCHMILZT!
ZUCK
UWÄÄÄH!!
GRR
GRR
MANN, DER IST TOTAL VERZOGEN!
HEY, DEIN EIS SCHMILZT ...

... MÖCHTE ICH ...

... CHIZU SELBST GROSSZIEHEN.

WIR HÄTTEN BESSER AUF SIE AUFPASSEN SOLLEN.

WENN IHR EINVERSTANDEN SEID, ...

IN ZUKUNFT WERDEN WIR ...

AUSSERDEM ...

DIESMAL WAR ES REINES GLÜCK.

NÄCHSTES MAL?

WARUM SIND SIE GESTERN NICHT GLEICH HERGEKOMMEN, UM CHIZU ABZUHOLEN?

YOSHIOKA ...

NÄCHSTES MAL WERDE ICH WIRKLICH ...

ICH HABE ...

DARUM GEHT ES NICHT.

ES ...

ES WAR ZU VIEL LOS! MIT DER POLIZEI UND ALLEM.

ABGESEHEN DAVON ...

... HABE ICH ES BEREUT, ...

„ES KOMMT, WIE ES KOMMT."

„MACH DIR KEINEN KOPF."

... DASS ICH SIE WEGGEGEBEN HABE.

DU SCHIMPFST AUCH IMMER NUR ÜBER PAPA!

ALLE HABEN ÜBER MEINEN PAPA SCHLECHT GEREDET, ABER YOSHI NICHT.

DEIN VATER HAT VIEL STRESS, WENN ER MIT YOSHIOKA ZUSAMMEN IST.

CHIZU ...

Zitter Zitter

ABER YOSHI IST DER EINZIGE, DER MEINEN PAPA LOBT!

DAS MACHE ICH NUR, WEIL ICH IHN GERN HABE ...

GERN HABE ...

HI HI!

DEIN PAPA IST SPITZE! OBWOHL ER WENIG ZEIT HAT, ...

... KOCHT ER JEDEN TAG WAS LECKERES FÜR DICH, STIMMT'S?

KO-NI-SHI!!

DU VERSTEHST DAS WAHRSCHEINLICH NICHT...

UND DEIN PAPA AUCH.

ABER YOSHIOKA IST EIN MANN.

ES MACHT MIR KEINE ANGST, WENN PAPA MIT YOSHI SCHIMPFT.

ES IST ANDERS ALS DAMALS MIT MAMA...

DOCH!

DAS KOMMT AUCH IM FERNSEHEN!

...

WENN DU DAMIT KLAR KOMMST, IST JA ALLES GUT...

WENN DU...

...SELBER WÄHLEN MUSST, OB DU BEI PAPA ODER MAMA WOHNEN WILLST,...

...MIT WEM MÖCHTEST DU DANN LIEBER ZUSAMMEN SEIN?

WIR KÖNNEN IHR SICHER EINE BESSERE UMGEBUNG ...

ABER EIN KIND OHNE MUTTER ZU ERZIEHEN, IST SCHWIERIG.

DU MÖCHTEST CHIZU ALLEINE GROSSZIEHEN?

FÜR EIN KIND REICHT ES NICHT AUS, ...

... NUR DER FORM HALBER BEIDE ELTERNTEILE ZU HABEN.

KINDER SPÜREN SO ETWAS BESSER ALS ERWACHSENE.

AUSSERDEM ...

ER VERSUCHT, MIR DEN RÜCKEN ZU STÄRKEN.

BESSER GESAGT, ...
... BIN ICH NICHT VÖLLIG ALLEIN.
YOSHIOKA HIER ...
... ER UNTERSTÜTZT MICH MIT GANZER KRAFT.
... UND AUCH DIE ANDEREN HELFEN MIR.
ABER ...
... WENN ICH MAL FRAGEN DARF, ...
... IN WELCHER BEZIEHUNG ...
... STEHT IHR BEIDE ZUEINANDER?

„ABER ..."

„SCHON OKAY. SO HAST DU BESSERE CHANCEN."

„LASS UNS ÜBER UNSERE BEZIEHUNG NICHT REDEN."

ICH BIN EIN FREUND VON IHM.

...

„YOSHIOKA, DU BIST SO VERSTÄNDNISVOLL!"

„ALSO, DU KANNST ES DIR ÜBERLEGEN UND DANN ENTSCHEIDEN, OB DU DARÜBER REDEN WILLST ODER NICHT."

„AUSSERDEM WEISST DU WOHL SELBER NICHT RICHTIG, WELCHE ROLLE ICH FÜR DICH SPIELE."

OBWOHL ...

ICH HABE IHN DARUM GEBETEN, DASS ER DABEI IST ...

AM ANFANG FAND ICH SEINE ANTWORT GUT, ...

ER HAT RECHT, ABER ...

... ABER JETZT FÜHLE ICH MICH SCHLECHT.

„SCHON OKAY. SO HAST DU BESSERE CHANCEN."

OBWOHL ER ...

... SO VIEL FÜR MICH TUT ...

ICH HABE EIN SCHLECHTES GEWISSEN, ...

... DASS ER SICH ALS EINFACHER FREUND VORSTELLEN MUSS.

WIR HABEN NICHTS SCHLIMMES GETAN ...

NUR WEIL WIR BEIDE MÄNNER SIND ...

ER TUT SO, ALS OB NICHTS WÄRE ...

UM CHIZU ZURÜCKZUHOLEN, IST ES VIELLEICHT NÖTIG ...

ABER WILL ICH DAS WIRKLICH?

OB ER DIESE SITUATION KENNT?

OB ER SICH AUCH SO SCHLECHT FÜHLT?

MUSS ICH MICH JETZT AUCH AN SOLCHE SITUATIONEN GEWÖHNEN?

EHRLICH GESAGT, ...

... IST ER NICHT BLOSS EIN FREUND VON MIR.

ÄHM ...

WIE LANGE SOLL DAS NOCH ...?

KRRK

WIR SIND ZUSAMMEN.

WA...

WAS GLAUBT IHR EIGENTLICH...

RATTER

DING DOOOOOONG

AAAH...

ER UNTERSTÜTZT MICH ALS MEIN PARTNER.

CHEF!

IST WAS PASSIERT?

... BEI WEM DU WOHNEN MÖCHTEST.

WENN IHR DAS ENTSCHEIDET, OHNE EUER KIND ZU FRAGEN, ENDET SIE IRGENDWANN WIE YOSHIOKA.

IST DOCH SUPER! WIESO DENN NICHT?!

CHIZU, SAG EINFACH, ...

TOCK

TAPP TAPP

REICHT ES NICHT, WENN DU DAS KIND VON DEINEM NEUEN MANN GROSSZIEHEN KANNST?

DU KANNST NICHT AUF ALLEN HOCHZEITEN GLEICHZEITIG TANZEN.

GRPP

WAS ...?!

WENN DU CHIZU TROTZDEM SEHEN MÖCHTEST, MÜSST IHR EBEN REGELMÄSSIGE BESUCHE VERABREDEN.

UND DU ...

KAPIER MAL ENDLICH, DASS DU PRIORITÄTEN SETZEN MUSST.

WUSCHEL WUSCHEL WUSCHEL

ÄHM ...

WIR WAREN GRAD MITTEN IM GESPRÄCH ...

CHEF ...

NOBUTAKA ...

DU BIST ...

ES IST NICHT SO EINFACH, ZWEI KINDER GLEICH ZU BEHANDELN.

HMPF

MACHST DU MEINE HAARE?

STRUBBELIG

IHR MACHT ES DOCH NUR KOMPLIZIERTER.

KINDER KAPIEREN VIEL MEHR, ALS IHR DENKT.

AN DEM TAG ...

| DEN REST PACKE ICH ERST EIN, WENN ICH ES BRAUCHE ... | IST JA FAST ALLES AUFGERÄUMT. | ... WURDE UNSER GESPRÄCH DURCH MEINEN CHEF UNTERBROCHEN ... |

JA, FÜR MORGEN.

KOCHST DU?

SIE SCHLÄFT SCHON.

WAS MACHT CHIZU?

CHIZUS SOMMERKLAMOTTEN

NUR SO ...

NA JA ...

WIESO LACHST DU DENN ...?

IHR SEID WIRKLICH EINGEZOGEN ...

... WIRKLICH OKAY FÜR DICH?

IST DAS ...

JA ... WER HÄTTE DAS GEDACHT ...

ICH BIN ABER NOCH NICHT DARAN GEWÖHNT...

DU HAST SOGAR OFFEN ZUGEGEBEN, DASS WIR ZUSAMMEN SIND.

HEY, DAS SOLLTE ICH DOCH SAGEN.

!

IMMER, WENN DU AM NÄCHSTEN TAG FREI HAST.

WILLST DU SCHON WIEDER?

NA KLAR!

WILLST DU NICHT?

ALS ICH NOCH MIT CHIZU ALLEIN WAR, FÜHLTE ICH MICH OFT UNSICHER...

DAS GEFÜHL HABE ICH JETZT NICHT MEHR.

UND SO...

... LÄUFT DOCH IRGENDWIE ALLES NACH SEINEM PLAN.

JA, KLAR...

DAS KLINGT NICHT SEHR ÜBERZEUGEND...

ICH MACHE ES WIRKLICH NICHT!

DOCH, ...

... ABER ... ES WÄRE SCHÖN, WENN DU NICHT MEHR ZU ANDEREN MÄNNERN GEHST ...

DU HAST ECHT 'NEN KOMISCHEN GESCHMACK.
WAS GEFÄLLT DIR AN MIR ...?
ICH HAB SCHLIESSLICH EIN KIND.
WIE SOLL ICH SAGEN ...
ICH BIN EINFACH IMMER MEHR VERLIEBT IN DICH!
DAS IST DAS ERSTE MAL FÜR MICH.
DAS KLINGT SO, ...
... ALS OB DU FRÜHER IMMER NUR DEN NÄCHSTBESTEN ANGEMACHT HAST.
KEINE SORGE.
ICH MEINE ES WIRKLICH ERNST.
ICH DENKE NUR AN DICH.

ICH BIN NOCH ...

... EIN BISSCHEN NERVÖS.

HAH

ICH AUCH.

SO'N QUATSCH.

DOCH, IST WIRKLICH SO.

HAH

AH ...

... OKAY FÜR DICH?

HÄ?

WÄR ES ...

... MIT DEM MUND ...

NA JA ...

IST MIR PEINLICH ...

HAST DU ETWA BESSERE MÄNNER GETROFFEN?

ES GIBT NOCH VIEL, DAS ICH MIT DIR PROBIEREN MÖCHTE ...

BIST DU EIFERSÜCHTIG?

EIN BISSCHEN SCHON.

AH ...

ZITTER

SCHLP

DU BIST ECHT NOCH GANZ UNSCHULDIG ...

DAS HÖR ICH GERN.

AU...

AH ...

DENK JETZT NUR AN MICH ...!

AH!

SSUP

SSUP

MNH...

DAS ...

ZUCK

... MACHE ICH ...

HAH

AAAH ...

ICH ...

... SCHLAFE NICHT MEHR MIT ANDEREN.

DAS VERSPRECHE ICH DIR ...

NUR MIT DIR!

FÜR IMMER.

...

DAS LEBEN MIT YOSHIOKA ...

DU HAST HEUTE FREI. DU KANNST RUHIG LÄNGER IM BETT BLEIBEN.

... LÄUFT GUT.

MORGEN!

GUTEN MORGEN!

MORGEN, PAPA!

YOSHI HAT MITTAGESSEN FÜR MICH GEMACHT!

ICH BIN ÜBERRASCHT, DASS ICH MICH SO GUT EINGELEBT HABE ...

NEIN, ICH STEHE LIEBER AUF.

DANKE ... DU VERWÖHNST MICH SCHON WIEDER.

HAT FREI.

← MUSS ARBEITEN.

EIN HÄSCHEN!

WIE SÜSS!

YOSHIOKA IST FITTER ALS ICH, OBWOHL ER ÄLTER IST.

...

STARRRRR

ZZAPP

PAPA, YOSHI ... IHR STINKT!

WAS?!

UND WONACH?!

ICH HÄTTE VORHER DUSCHEN SOLLEN.

WONACH RIECHEN WIR ...?

RAUCHT NUR IM EIGENEN ZIMMER.

VERSTEHE ...

NACH YOSHIS ZIGARETTEN!

?

DAS IST NICHT GUT FÜR KINDER.

VIELLEICHT HÖRE ICH AUF, ZU RAUCHEN ...

JA, BITTE.

UNSER NEUES LEBEN HAT GERADE ERST BEGONNEN.

DAS IST AUCH NICHT GUT FÜR ERWACHSENE.

ENDE

YOSHIOKA UND OSAWA

Als ich damals für einen anderen Verlag Mangas über PC-Spiele gezeichnet habe, bekam ich einen weiteren Auftrag für einen kurzen Manga. Die Redaktion sagte mir, dass acht Seiten reichen würden. Dabei sind diese Figuren entstanden. Wenn ich neue Figuren zeichne, überlege ich mir auch ihren Hintergrund. Allerdings habe ich mir damals nicht vorgestellt, dass es so eine lange Story wird. Hinterher ist man immer schlauer. (^_^) Da ich zuerst nur acht Seiten zeichnen musste, habe ich Rasterfolien in Yoshiokas Haare geklebt. Damals wusste ich natürlich nicht, dass diese Entscheidung meine-Assistentin später quälen würde … Ich danke ihr ganz herzlich für ihre Unterstützung!

Die allgemeine Meinung über Yoshioka hat sich im Laufe der Zeit deutlich verändert. Auch sein Aussehen war vor vier Jahren etwas anders.

SEIICHI YOSHIOKA

Da Chizu ihn auch ganz genau beobachtet, wird er nicht mehr fremdgehen …

NAOKI OSAWA

Weil er bisher viele schlechte Seiten von Yoshioka gesehen hat, braucht er wohl noch ein bisschen Zeit, bis er sich wirklich in ihn verliebt. (Auch wenn ich schon so viel gezeichnet habe …)
Ihm ist bewusst, dass Yoshioka ihn braucht.
Sie können ihre Verbindung nach und nach vertiefen.
Seine Eltern wohnen ganz weit weg auf dem Land.

Kostprobe eines neuen Gerichts

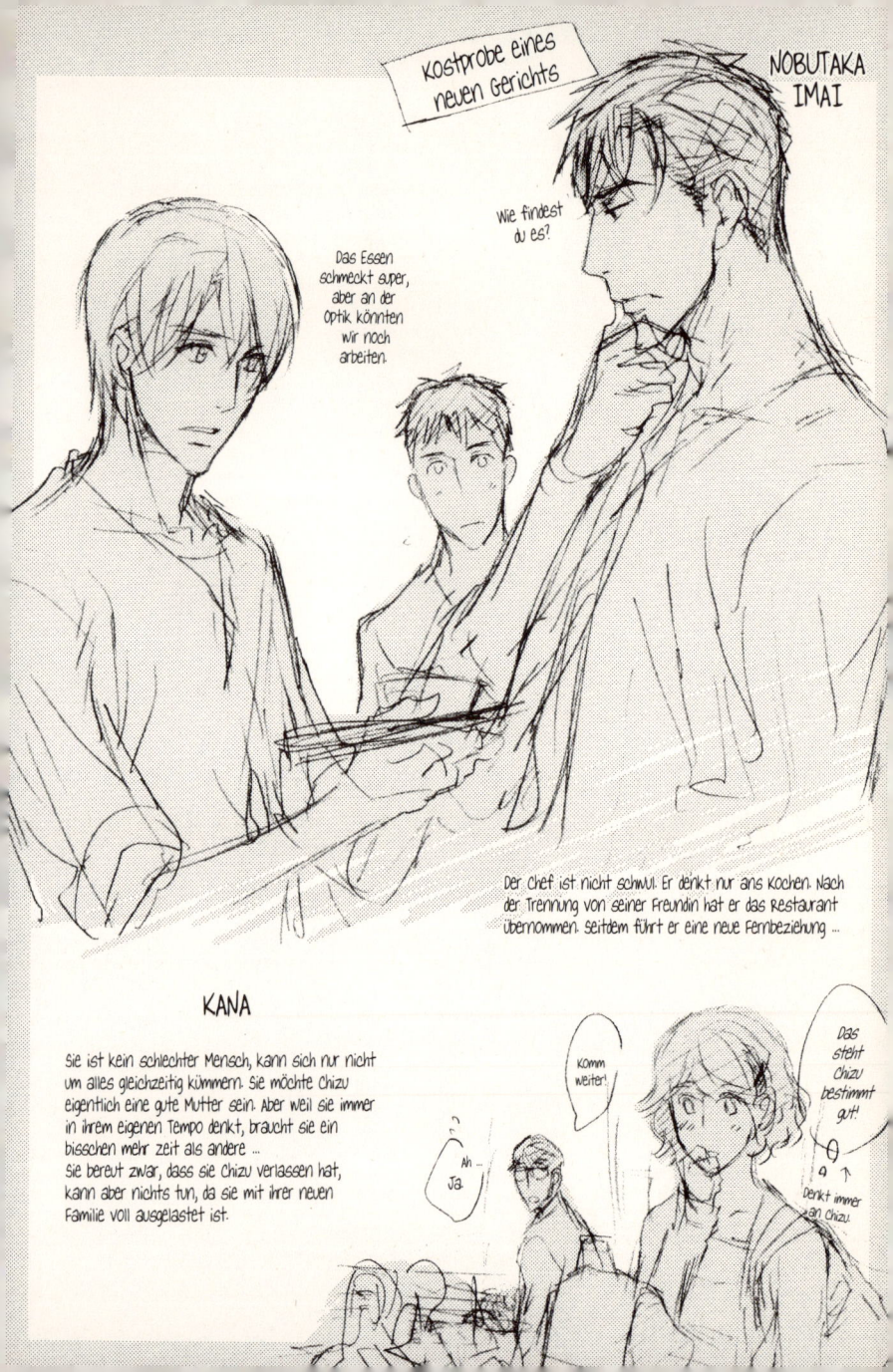

NOBUTAKA IMAI

Wie findest du es?

Das Essen schmeckt super, aber an der Optik könnten wir noch arbeiten.

Der Chef ist nicht schwul. Er denkt nur ans Kochen. Nach der Trennung von seiner Freundin hat er das Restaurant übernommen. Seitdem führt er eine neue Fernbeziehung ...

KANA

Sie ist kein schlechter Mensch, kann sich nur nicht um alles gleichzeitig kümmern. Sie möchte Chizu eigentlich eine gute Mutter sein. Aber weil sie immer in ihrem eigenen Tempo denkt, braucht sie ein bisschen mehr Zeit als andere ...
Sie bereut zwar, dass sie Chizu verlassen hat, kann aber nichts tun, da sie mit ihrer neuen Familie voll ausgelastet ist.

Komm weiter!

Ah ... Ja

Das steht Chizu bestimmt gut!

Denkt immer an Chizu!

Bonusmanga 1

HERZLICH WILLKOMMEN!

ALS ICH OSAWA DAS ERSTE MAL IN DEM RESTAURANT SAH, DACHTE ICH, DASS ER GENAU MEIN TYP IST ...

ABER ...

OH, ...

... EIN NEUER MITARBEITER!

... ICH HABE IHM JA NUR MEINE SCHLECHTEN SEITEN GEZEIGT ...

... UND DACHTE DESHALB, DASS ICH KEINE CHANCE HABE.

TROTZDEM ...

GRINS GRINS GRINS

DU BIST UNHEIMLICH!

WAS DENN?

RAUSCH

KLAPPER

HA HA HA.

SORRY. ICH MUSS EINFACH LACHEN ...

YOSHI, GEHT'S DIR NICHT GUT?

TROPF

NEIN, NEIN ...

ICH LÄCHELE NUR, WEIL ICH GLÜCKLICH BIN.

WIE EIN RICHTIGER PAPA!...

...

SST SST

TROPF

DU MUSST DEINE HAARE TROCKNEN. SONST ERKÄLTEST DU DICH!

... GANZ TOLL.

DU BIST ...

ICH HOL DEN FÖN!

TAPP TAPP TAPP

WIE?

DU HAST GANZ KLAR UND DEUTLICH GESAGT, ...

... DASS WIR ZUSAMMEN SIND.

ICH BRAUCHTE DAS, UM DEN NÄCHSTEN SCHRITT ZU GEHEN.

IRGENDWIE KOMMT ES MIR SO VOR, ALS OB ICH IHN MEHR LIEBE ALS ER MICH.

DU GRINST DIE GANZE ZEIT.

MANN... WAS DENN SCHON WIEDER?

DAS MAG ICH AN IHM...

ER IST VERLEGEN. SÜSS!

...?

DAS HEISST, WENN ICH WAS FALSCHES MACHE, GEHT DIE BEZIEHUNG KAPUTT.

ICH MUSS AUFPASSEN.

SCHWITZ

WENN ER SICH EINMAL ENTSCHLOSSEN HAT, HÄLT IHN NICHTS MEHR ZURÜCK.

... HÄTTE ICH ERWARTET, DASS ER MIR NOCH MEHR GEFÜHLE ENTGEGENBRINGT...

AH. JA, KLAR!

EIGENTLICH...

ACH, JA. KANN ICH MORGEN ABEND MIT CHIZU BEI DIR IM RESTAURANT ESSEN?

JA, DANKE!

DEN REST MACHE ICH. DU MUSST LANGSAM ZUR ARBEIT, ODER?

LASS UNS NACH DRÜBEN GEHEN!

OKAY.

ICH HAB IHN.

WENN ICH MIT IHM ZUSAMMEN BIN, WEISS ICH, WAS WIRKLICH WICHTIG FÜR MICH IST.

JA, BIS SPÄTER!

BIS SPÄTER!

JETZT HABE ICH EINE.

DAS MACHT MICH GLÜCKLICH.

LASS UNS ZUM BETT GEHEN.

SIE IST EIN BRAVES KIND...

DAS BERUHIGT MICH.

JA.

... DASS ICH NIE DIE CHANCE HABEN WÜRDE, EINE FAMILIE ZU GRÜNDEN ...

ICH DACHTE, ...

YOSHI, DU GRINST SCHON WIEDER!

MEINE BISHERIGEN BEZIEHUNGEN HABEN NICHT SO LANG GEHALTEN ...

ABER ICH HOFFE, DASS ES DIESMAL ANDERS WIRD ...

HOFFENTLICH ...

GUTEN ABEND!

YOSHIO-KAA! ♡

LANGE NICHT GESEHEN!

ICH WOLLTE MAL DEINEN NEUEN FREUND SEHEN.

WAS HAST DU DENN?

IST HIER FREI?

ÄHM ...

HAB ICH LETZTES MAL GAR NICHT GEMERKT.

AHA.

GENAU DEIN TYP ...

KOMM MAL MIT!

RABAM

KLIRR

IST ER EIN KÄTZCHEN ...

... ODER EIN TIGER? EGAL, WENN DU GENUG VON IHM HAST, LEIH IHN MIR MAL AUS!

KÄTZCHEN?

HUMPF

SEINE EIGENE SCHULD!

DANN IST ES NOCH SCHLIMMER!

HÖR AUF! DAS IST ECHT NICHT WITZIG!

DAS WAR KEIN WITZ.

... BIN JETZT TREU, WEISST DU?!

SORRY ...

ÄHM ...

ICH ...

HÄ? WAS HAB ICH DENN GESAGT?

... HABEN WIR EIN KLEINES KIND. SAG ALSO NICHT SO WAS ANSTÖSSIGES!

AUSSERDEM ...

ALSO DIESMAL MEINST DU ES WIRKLICH ERNST ...?

...

...

DU BIST ECHT UNGLAUBLICH ...

DAS GEFÄLLT MIR!

SORRY ...

ICH MÖCHTE EIN BIER.

...

KONISHI, MACHST DU DAS MAL BITTE?
WAS?
ÄHM ...
EIN BIER ...?
NEEEIN ...
WENN ER DICH VERLASSEN SOLLTE, BIN ICH FÜR DICH DA!
SCHNAUZE!
ICH BEREUE EIN BISSCHEN, WAS ICH FRÜHER ALLES GEMACHT HABE ...
KNAARZ
KLACK
HALLO.
CHIZU SCHLÄFT SCHON.
DANKE ...

HM?

IST ER SCHLECHT DRAUF?

... UND ANFASSEN ...

ABER ICH WOLLTE DICH NOCH MAL SEHEN.

...

... AUF MICH WARTEN. DU MUSST DOCH FRÜH RAUS.

DU MUSST NICHT ...

TROTZDEM FREUNDLICH WIE IMMER.

ICH LASSE IHN LIEBER IN RUHE ...

AUCH WENN ICH IHN VERMISSE ...

... UND DU HAST SCHNELL REAGIERT.

KEIN PROBLEM. ES WAREN JA KEINE ANDEREN GÄSTE DA ...

ENTSCHULDIGE, DAS VON VORHIN ...

GUTE NACHT.

DANKE, SCHLAF SCHÖN.

IRGENDWIE KOMISCH ...

FREMDGEHEN IST NICHT!

NORMALERWEISE REDET ER KLARTEXT ...

WOW! DIE MAUL-TASCHEN ...
... KANNST DU RICHTIG GUT!
ZUSTÄNDIG FÜRS ABENDESSEN AM WOCHENENDE.
DAS HABE ICH VON PAPA GELERNT.
„HALLO!"
„WIEDER NICHT INS BETT GEGANGEN?"
„HI ..."
ER REDET GANZ NORMAL MIT MIR ...
ABER IRGENDWIE IST ER IMMER NOCH SCHLECHT GELAUNT.
WEIL ER AM WOCHENENDE SPÄTER ZUR ARBEIT MUSS, DACHTE ICH, DASS WIR HEUTE NACHT LÄNGER SCHMUSEN KÖNNEN ...
KEIN SEX AM MITTWOCH UND DONNERSTAG.
NEIN, DAS IST NICHT DAS PROBLEM ...
PATSCH
ER IST NICHT SAUER, ABER ...
WAS HAT ER ...?
WAS SOLL ICH TUN ...?
YOSHI, NICHT SO VIEL.

OB ER DIE BEZIEHUNG BEENDEN WILL...?

DU HAST RECHT...

DU MUSST DICH SCHNELL MIT IHM VERSÖHNEN.

MÄDCHEN HABEN'S RAUS...

SONST SAGT ER DIR TSCHÜS.

HA HA HA

DAS STIMMT NICHT.

DU UND PAPA SIND IN LETZTER ZEIT GAR NICHT MEHR SO FRÖHLICH.

SIE HAT 'NE GUTE NASE.

STIMMT.

DANN KANNST DU ES NICHT EINWICKELN.

MIT BERG

DIESMAL HAB ICH DOCH NOCH GAR NICHTS GETAN...!

NEIN...

ICH GEBE NICHT AUF!

ABER BISHER HABEN MEINE BEZIEHUNGEN AUCH NICHT GEHALTEN...

SEUFZ

JAMMERN BRINGT NICHTS.

HMPF

PATSCH PATSCH

SCHRECK

LANGSAM MACHE ICH MIR SORGEN...

KLACK
HALLO!
DA BIST DU DA!
HI ...
DU BIST JA NOCH WACH.
DU MUSST DOCH MORGEN FRÜH RAUS.
JA, ABER DU HAST MORGEN FREI. DESWEGEN DACHTE ICH, DASS WIR (UND DU VOR ALLEM) HEUTE LÄNGER DURCHHALTEN KÖNNEN.
HEUTE HABE ICH VIEL FRITTIERT ...
ICH RIECHE NACH ÖL ...
DAS STÖRT MICH NICHT.
ODER?
WA...
WARTE MAL!
...
UND ...
... ICH MÖCHTE CHIZU NOCH MAL SEHEN.
OKAY, ICH WARTE AUF DICH.

KLOPF KLOPF KLACK

KOMM REIN!

LÄCHEL

SCHNELLER ALS ICH DACHTE.

HAST DU KUMMER?

ES WIRKT EIN BISSCHEN, ALS OB DU ABSTAND HÄLTST ...

ABER JETZT BIST DU DA ...

ICH DACHTE, DASS DU MICH VIELLEICHT NICHT MEHR MAGST.

ICH ...

...

... WUSSTE SCHON VORHER, DASS DU VIELE EX-FREUNDE HATTEST ...

NEIN ...

DAS IST ES NICHT ...

UND FRÜHER ...
... HAT ES MICH AUCH NICHT GESTÖRT ...
ICH WEISS SELBER NICHT, ...
... OB ICH SAUER BIN ... ODER ANGST HABE ODER SO ...
WENN DU ...
... IN ZUKUNFT JEMAND ANDERES FINDEST, ...
... HAST DU WAHRSCHEINLICH KEINE PROBLEME, ...
... MIT MIR SCHLUSS ZU MACHEN ...
SO WAS DACHTE ICH MIR ...
WAS ...!?
WAHRSCHEINLICH BIN ICH ...
DAS HEISST ...

YOSHIOKA, LACHST DU?
GRINS
WAS?
ICH MEIN DAS ERNST!
SORRY, ICH WEISS …
GRINS GRINS
ICH BIN EINFACH GLÜCK-LICH.
…
ICH …
… DACHTE, DASS DU MICH VIELLEICHT NICHT MEHR MAGST …
DESWEGEN …
… BIN ICH ERLEICH-TERT.
ICH HAB DIR GESAGT,
… DASS ICH NUR AN DICH DENKE.

IN LETZTER ZEIT HABEN WIR SO WENIG GEKUSCHELT.

DARF ICH DICH HEUTE GANZ VIEL ANFASSEN?

WAS ...?

YO...
YOSHIOKA, DU WIRST IMMER AUFDRINGLICHER. HALT DICH EIN BISSCHEN ZURÜCK!
...
CHIZU, DEIN MITTAG-ESSEN!
BIST DU SCHON FERTIG?
JA.
WAO!
EIN BÄRCHEN!
DANKE SCHÖN.
GERN GESCHE-HEN.
SCHLÄFT PAPA IMMER NOCH?
EINS ZU NULL

JACKE, TASCHE UND ...

TAPP TAPP

STARR

PSSST
PSSST

ER IST KAPUTT. LASS IHN RUHIG SCHLAFEN!

YOSHI, DU GRINST SCHON WIEDER!

WIE GESAGT ...

DAS IST NUR, WEIL ICH GLÜCKLICH BIN.

LOS, GEHEN WIR.

AHA.

AUF ARBEIT PASSE ICH MEHR AUF ...

JA.

IN DER FIRMA

GRINS GRINS

IRGENDWIE GEFÄLLT MIR DAS NICHT.

ACH JA?

EX-FREUND

WARUM GRINST DU SO ...?

ENDE

Trau dich

Ein Sommer-Kimono

VOR EINIGEN JAHREN WAR YOSHIOKA BEREITS STAMMKUNDE DIESES LADENS.

HALLO!

LANGE NICHT GESEHEN!

Wir sind in kürze für sie da.

BONUSMANGA 2

UND IHR ÖFFNET EH GLEICH.

ICH STÖRE DOCH NICHT.

SCHON WIEDER!

YOSHIOKA, KANNST DU NICHT LESEN? WIR HABEN NOCH NICHT GEÖFFNET!

DANN BLEIB ZU HAUSE!

WENN ICH ERST MAL ZU HAUSE BIN, BIN ICH ZU FAUL, UM NOCH MAL LOSZUGEHEN.

KOMM BITTE SPÄTER WIEDER!

ER KRIEGT NICHT MAL EIN GLAS WASSER!

...

ZUCK
ZUCK

... WART IHR FRÜHER NICHT SO FIES ...

IRGEND- WIE ...

DU WOHNST DOCH GLEICH UM DIE ECKE.

IMMERHIN BIN ICH EIN STAMMKUNDE.

ICH SAG'S DIR GLEICH.
WENN DU UNSERE MITARBEITER ANMACHST, KRIEGST DU HAUSVERBOT.
HIER ARBEITEN NUR DU, DEIN VATER UND EINIGE AUSHILFEN ...
ICH BIN OFFEN FÜR ALLES ...
ABER ICH SUCH MIR MEINE OPFER SCHON GENAU AUS ...
DER JUNGE OSAWA
CHEF!
DIE TELLER HABE ICH BEREITGESTELLT. DAS BIER IST IM KÜHLSCHRANK.
OH ...
HABT IHR SCHON GEÖFFNET?
IST JA SCHON JEMAND DA!
NEIN, NOCH NICHT.
KEINE SORGE.
STARR
OH, FRISCHFLEISCH ...!
LECKER!
ALSO DOCH ...
SEUFZ
STEHT NICHT ZUM VERKAUF!

NOCH MAL ZUM MITSCHREIBEN ...

HEY, ... MOMENT!

ICH MEINE DAS ERNST.

OSAWA, PASS GUT AUF BEI DIESEM KERL!

GRAPP

SEIN GESICHT SAGT MIR, DASS ER DICH GERNE MITNEHMEN WILL.

BITTE?

HAT KAUM KOPFNÜSSE VON MEINEM VATER ABGEKRIEGT.

... ER LERNT SCHNELL UND ARBEITET SEHR FLEISSIG.

DENN ...

FÜR MICH IST ER WICHTIGER ALS DU.

WAS SOLLTE DAS SEIN?!

WAS ANTUN ...?

WENN DU IHM WAS ANTUST, ...

... GEHEN WIR GETRENNTE WEGE.

DAS KOMMT ABER SELTEN VOR, ...

... DASS ER JEMANDEN LOBT.

ZUCK
PATSCH
KLIRR

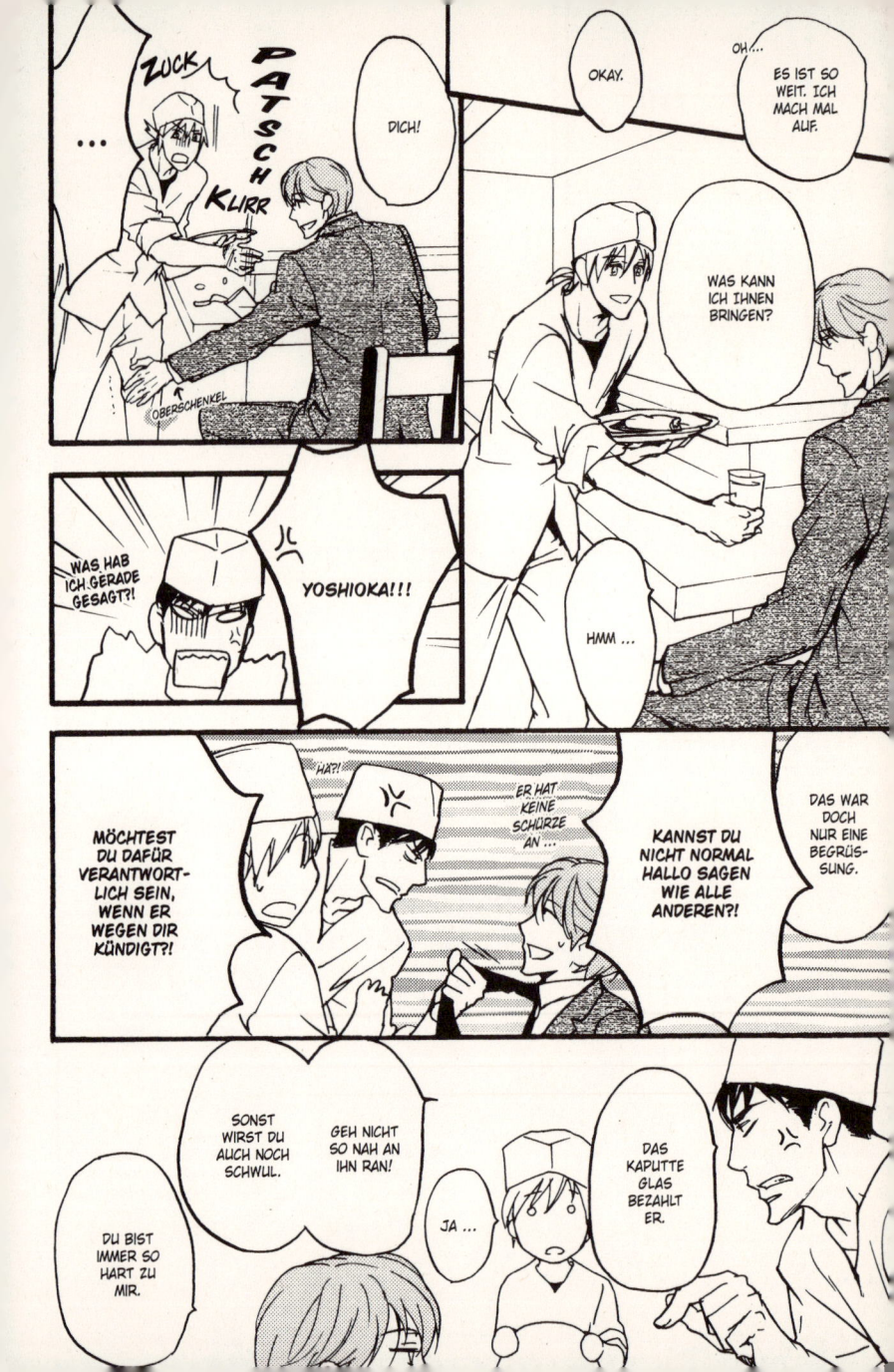

...

DICH!

OKAY.

OH....
ES IST SO WEIT. ICH MACH MAL AUF.

OBERSCHENKEL

WAS KANN ICH IHNEN BRINGEN?

HMM...

WAS HAB ICH GERADE GESAGT?!

YOSHIOKA!!!

MÖCHTEST DU DAFÜR VERANTWORTLICH SEIN, WENN ER WEGEN DIR KÜNDIGT?!

HA?!

ER HAT KEINE SCHÜRZE AN...

KANNST DU NICHT NORMAL HALLO SAGEN WIE ALLE ANDEREN?!

DAS WAR DOCH NUR EINE BEGRÜSSUNG.

DU BIST IMMER SO HART ZU MIR.

SONST WIRST DU AUCH NOCH SCHWUL.

GEH NICHT SO NAH AN IHN RAN!

JA...

DAS KAPUTTE GLAS BEZAHLT ER.

MORDLUST

ES MACHT MIR AUCH SPASS, HETERO-TYPEN RUMZUKRIEGEN.

NA JA...

ICH BIN LEIDER NICHT SCHWUL...

TUT MIR LEID...

JETZT HABE ICH EINE NEUE BESCHÄFTIGUNG! ♡

ALSO,...

... ICH NEHME...

SCHWULE SIND...

... IMMER SO OFFEN...

AM ANFANG HATTE ER NOCH EINEN GUTEN EINDRUCK VON IHM.

OSAWAS ERSTER EINDRUCK VON YOSHIOKA: JEMAND, DEM MAN SICH NICHT NÄHERN SOLLTE.

MUSS MEHR AUFPASSEN...

JA. GERNE.

EIN SCHRITT RÜCKWÄRTS

JA! EIN BIER UND...

... FRITTIERTEN TOFU.

ENDE

Trau dich

Ein Geschenk

BONUSMANGA 3
SORRY!
ICH HABE IHM NOCH NICHT VON DIR ERZÄHLT.
BLEIBST DU KURZ HIER?
JA ...
TUT MIR LEID.
KRIEGST NACHHER WAS SÜSSES!
KLACK

DING DONG

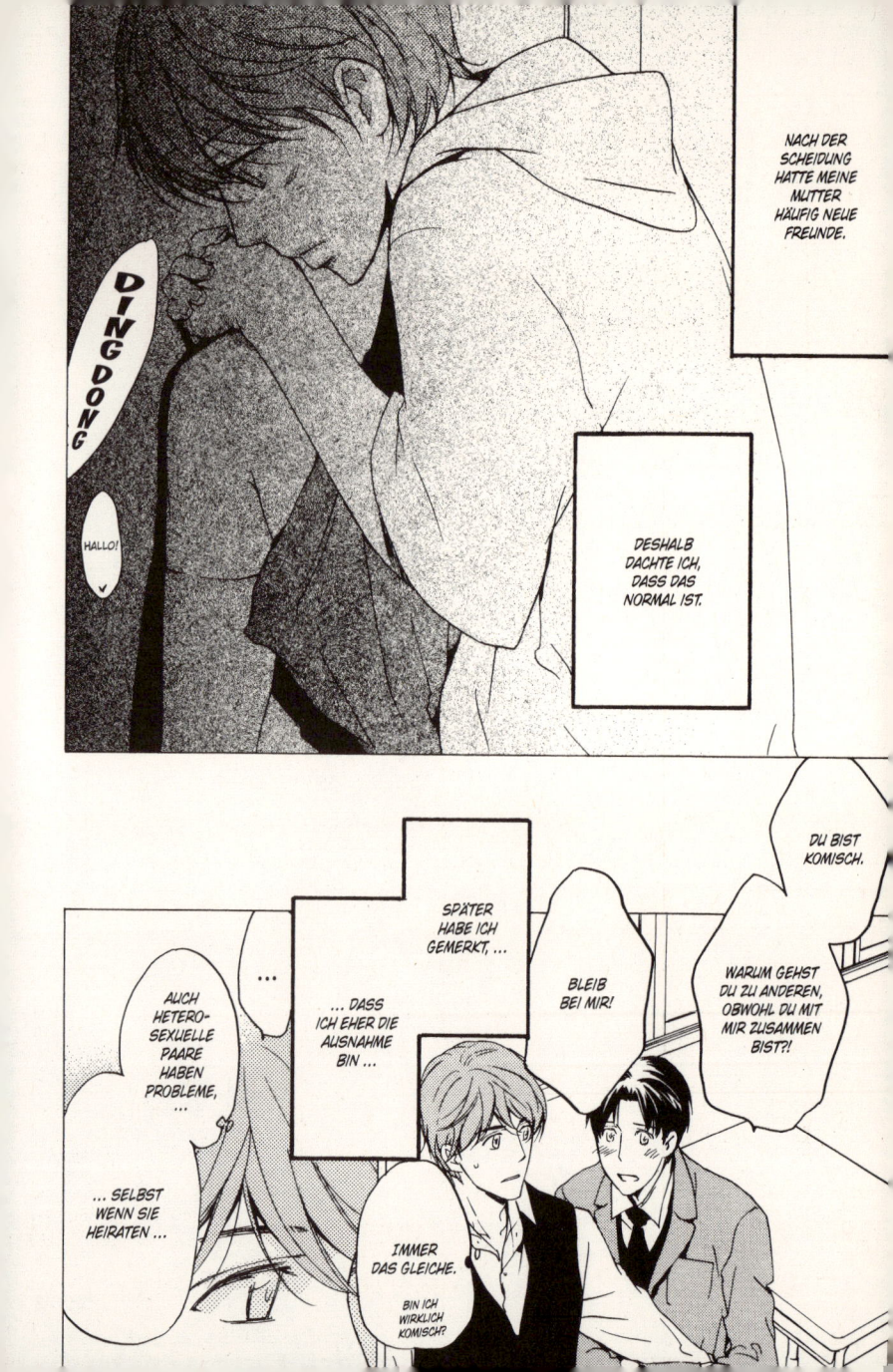

HALLO!

NACH DER SCHEIDUNG HATTE MEINE MUTTER HÄUFIG NEUE FREUNDE.

DESHALB DACHTE ICH, DASS DAS NORMAL IST.

DU BIST KOMISCH.

WARUM GEHST DU ZU ANDEREN, OBWOHL DU MIT MIR ZUSAMMEN BIST?!

BLEIB BEI MIR!

SPÄTER HABE ICH GEMERKT, ...

... DASS ICH EHER DIE AUSNAHME BIN ...

...

AUCH HETERO-SEXUELLE PAARE HABEN PROBLEME, ...

... SELBST WENN SIE HEIRATEN ...

IMMER DAS GLEICHE.

BIN ICH WIRKLICH KOMISCH?

SEUFZ

MAN MUSS JA ECHT WAS DAFÜR TUN, DASS EINE BEZIEHUNG LANGE HÄLT ...

MÄNNER HINTERLASSEN NICHTS, WENN SIE GEHEN, ALSO MÜSSEN IHRE BEZIEHUNGEN DOCH NICHT SO LANGE HALTEN ...

OKAY, ICH HAB VERSTANDEN.

HAST DU DAS JETZT ERST KAPIERT?

JA, KLAR! IST DOCH SELBSTVERSTÄNDLICH!

UND? GEHT'S GUT MIT DEINEM NEUEN FREUND?

ICH HABE IHN AUCH VERLETZT ...

AUCH DANACH HABEN MEINE BEZIEHUNGEN NICHT LANGE GEHALTEN ...

... UND SO HABE ICH BIS HEUTE GELEBT.

REICHT ES IHM NICHT, DASS WIR JETZT SPASS HABEN ...?

DAS GEHT DICH NICHTS AN.

AHA ...

ERRÖT

LASS UNS ARBEITEN.

ICH KONNTE NICHT GUT VERSTEHEN, WARUM MAN JEMANDEN NUR FÜR SICH BEHALTEN MÖCHTE.

ALS ICH YUKITO DAMALS ANGEMACHT HABE, MEINTE ICH ES SCHON ERNST.

ER SCHEINT, SEINEN NEUEN FREUND WIRKLICH ZU LIEBEN...

WACHHUND

ICH HABE VERSUCHT, MICH NOCH MAL MIT IHM ZU VERSÖHNEN...

DAS WAR MEINE ERSTE ERNSTE BEZIEHUNG.

GLEICHZEITIG DACHTE ICH, DASS SEIN NEUER FREUND BESSER ZU IHM PASST.

AUSSERDEM WAR ER MEIN KOLLEGE...

NEIN, EIGENTLICH LIEGT DIE SCHULD BEI MIR...

... YUKITO LIEBTE MICH EH NICHT MEHR...

ABER...

DAS IST AUCH EIN LASTER VON MIR, DASS ICH IMMER SO SCHNELL AUFGEBE.

...

ICH WILL SIE GLÜCKLICH MACHEN...

TROTZDEM DANKE ...

DU BIST SO PFLICHTBEWUSST ...

ICH HABE DIE GEBURTSTAGE ALLER KOLLEGEN IN MEINEM KALENDER. ALSO DENK NICHT, ...

HERZLICHEN GLÜCKWUNSCH.

DU HAST HEUTE GEBURTSTAG, ODER?

WAS?

ÜBRIGENS ...

„DU BIST WIEDER ÄLTER GEWORDEN."

ICH HABE MICH NOCH NIE ÜBER MEINEN GEBURTSTAG RICHTIG GEFREUT.

„WENN DU NOCH EIN BISSCHEN KLEINER WÄRST, WÜRDE ER DICH SICHER AUCH MÖGEN ..."

„ABER ICH WÜNSCHE MIR AUCH, DASS DU SCHNELL GROSS WIRST."

MEIN GEBURTSTAG KOMMT ERST IN ZWEI WOCHEN ...

VOR MEINER MUTTER HATTE ICH IMMER EIN SCHLECHTES GEWISSEN, WENN ICH GEBURTSTAG HATTE ...

HAPPY BIRTHDAY TO YOUUU!

NACHDEM ICH INS HEIM KAM, WURDE MEIN GEBURTSTAG MIT DEN ANDEREN KINDERN ZUSAMMEN GEFEIERT.

KLACK KLACK

DIE GEBURTSTAGE VON ANDEREN HABE ICH AUCH NIE SO RICHTIG GEFEIERT.

MEINE MUTTER WAR DAMALS JÜNGER ALS ICH HEUTE ...

IRGENDWANN SPIELTE MEIN GEBURTSTAG KEINE GROSSE ROLLE MEHR.

HÄ?

PANG

PANG

HALLOOO!

YOSHI, HERZLICHEN GLÜCKWUNSCH ZUM GEBURTSTAG!!

DEIN LIEBLINGSESSEN ...

MEIN CHEF HAT ES MIR VERRATEN.

WAS? WIE?

ICH HATTE HEUTE ZUFÄLLIG FREI UND HABE ALLES MIT CHIZU VORBEREITET.

WIR HABEN VIELE LECKERE SACHEN GEKOCHT!

ICH HAB AUCH GEHOLFEN!

NÄCHSTES JAHR KANNST DU JA VORHER SAGEN, WAS DU ESSEN MÖCHTEST, OKAY?

...

GENAU ...

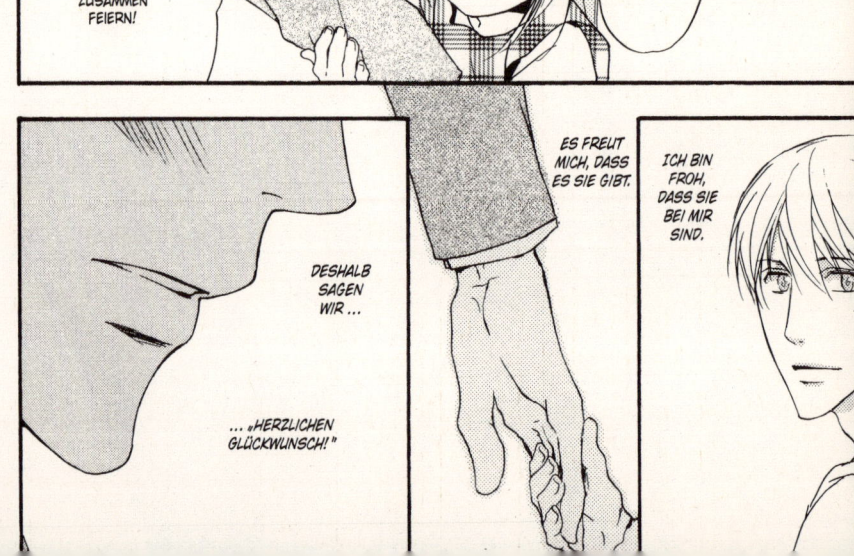

DER WUNSCH, MIT IHM ZUSAMMENZUBLEIBEN.

DAS, WAS MIR BISHER FEHLTE, ...

NÄCHSTES JAHR! ...

ICH MÖCHTE AUCH NÄCHSTES JAHR MIT EUCH ZUSAMMEN FEIERN!

CHIZU AUCH!

... SIND FÜR MICH WICHTIGE MENSCHEN ...

ES FREUT MICH, DASS ES SIE GIBT.

ICH BIN FROH, DASS SIE BEI MIR SIND.

DESHALB SAGEN WIR ...

... „HERZLICHEN GLÜCKWUNSCH!"

!

Was denn plötzlich ...?

Die Geburtstage der beiden ...

Ich wusste, dass du das sagst.

Gibt's auch einen Nachtisch später?

... kann ich schon kaum erwarten.

Aber der Teig ist etwas hart geworden ...

Wir haben auch eine Torte gemacht.

Wow!

KLOPF
KLOPF
KOMM REIN!
ENTSCHULDIGE ...
CHIZU HAT HEUTE ZUM EINSCHLAFEN LÄNGER GEBRAUCHT.
UND TROTZDEM BIST DU DA.
WENN DU KEINE LUST MEHR HAST, GEHE ICH SCHLAFEN.
DOCH, NATÜRLICH.
ICH FREUE MICH.

GEFÄLLT'S DIR NICHT?

OH?

DU BIST JA SO AKTIV.

DOCH!
SST
ZUCK
AH ...
ER IST SCHON STEIF ...
ICH KRIEGE AUCH AB UND ZU LUST ...
ABER ICH KANN MIR SEX MIT EINEM ANDEREN MANN NICHT VORSTELLEN.
HOFFENT-LICH BLEIBT DAS IMMER SO.
GRAPP
ICH WILL DEINEN HORIZONT ERWEITERN!
...

DRÜCK
TONK
DAS HÄNGT ABER AUCH VON DIR AB.
HA HA HA
ICH GEBE MIR MÜHE!
HAH
HAH
HUCH
SETZ DICH …
… AUF MICH.
SST
…
SCHLP
AH …
SSLP

HAH

SONST IST ER IMMER COOL, ...

EIN SCHÖNER ANBLICK ...

HAH

...

TUT ES WEH?

... ABER IM BETT MACHT ER EIN ANDERES GESICHT.

NEIN ...

SSLP

HAH

WAS FÜR EIN GEFÜHL IST DAS ...?

SSLP

DIESE SEITE AN OSAWA MÖCHTE ICH NIEMANDEM ZEIGEN...

OH...

ICH VERSTEHE...

ICH WILL ALLES VON IHM...

HAH

HAH

WARUM LACHST DU?

GEHT DAS?

ES IST NICHTS...

WAS MIR BISHER FEHLTE, BEKOMME ICH NUN NACH UND NACH.

DU GIBST MIR IMMER SO VIEL.

WAS MEINST DU DENN DAMIT ...?

SO FÜHLTE ICH MICH ...

WIR HABEN'S WOHL ETWAS ÜBERTRIEBEN UND VERSCHLAFEN.

MEINE KLAMOTTEN ...

MEINE KLAMOTTEN!

WAAAAH

KLACK

AUFSTEEEEHN!

GUTEN MORGEN!

HAST DU SCHON DEIN GESICHT GEWASCHEN?

NEIN, ICH GEH INS BAD!

ENDE

OH!	Einladung zum Elternabend

SCHAU MAL, DER ZETTEL!

BALD IST ELTERNABEND!

MÖCHTEST DU MITKOMMEN?

ODER MUSST DU ARBEITEN?

ICH BIN VON DEN MÜTTERN AUSGEFRAGT WORDEN.

WENN SIE DESWEGEN GEHÄNSELT WIRD ...

AUCH AM ERSTEN SCHULTAG WARST DU DABEI.

DAS IST CHIZUS PAPA. ABER WER IST ER ...?

ER IST GANZ VERNARRT IN SIE.

CHIZU, DU BIST GANZ TOLL!

ICH LASSE MICH NICHT HÄNSELN!

WENN JA, KÄMPFE ICH!

...

WENN DU KEINE PARTNERIN FINDEST, WERDE ICH DICH HEIRATEN!
HA HA HA
DAS SOLLTEST DU DIR GUT ÜBERLEGEN, CHIZU!
NEIN, PAPA ERLAUBT ES NICHT!
FÜHLT SICH WIE EIN PAPA.
10 JAHRE SPÄTER.
ICH WERDE DICH WIRKLICH HEIRATEN!
DU FRECHE GÖRE ....
RED KEINEN QUATSCH!
DAS GEHT DICH GAR NICHTS AN!
...
NIMM DAS ANGEBOT AN!
NEU-ER MIT-AR-BEI-TER
PAPA ERLAUBT NICHT, DASS DU SO EINEN ALTEN SACK HEIRATEST.
WAAS?
DU BIST DOCH GENAUSO ALT WIE ICH!
WAS HEISST HIER PAPA?!
SIE VERTRAGEN SICH IMMER NOCH NICHT.
DAS HABE ICH GETRÄUMT ...
ICH ERLAUBE DIR DAS AUF KEINEN FALL, OKAY?
?
ER FÜHLT SICH WIRKLICH WIE EIN VATER.

BONUSMANGA DER ASSISTENTIN — TAMAKI OSAWA

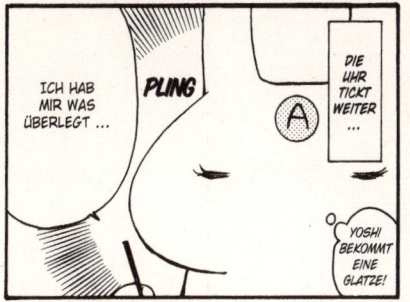

HIERARCHIE DER FAMILIE ASOU: ASOU / KATZE / ESSEN / ASSISTENTEN — KATER

Panel 1 (rechts oben):
- WIE WERDE ICH NOCH SCHNELLER?
- ICH SCHAFFE ES NICHT RECHTZEITIG.
- KURZ VOR DEM ABGABETERMIN.
- HEUL
- DAS IST GANZ EINFACH.

Panel 2 (links oben):
- ICH HAB MIR WAS ÜBERLEGT...
- PLING
- DIE UHR TICKT WEITER...
- YOSHI BEKOMMT EINE GLATZE!

Panel 3 (rechts):
- YOSHIOKA KANN EINE GLATZE BEKOMMEN!
- DANN SPAREN WIR UNS DIE RASTERFOLIEN.

Panel 4 (links):
- SO VIELE HAARE AUF YOSHIOKAS KOPFKISSEN?
- WIE WÄR'S, WENN YOSHIOKA HAARAUSFALL KRIEGT, WEIL OSAWA IMMER SO KALT ZU IHM IST?

Panel 5 (rechts):
- A... ABER...

Panel 6 (links):
- ABER...!
- A...

Panel 7 (rechts):
- JETZT IST DAS DOCH VIEL ZU SPÄT!
- DIE SERIE HAT SCHON LÄNGST BEGONNEN.
- SONST HAST DU KEINE PROBLEME?
- STÖRT DICH DAS?!

Panel 8 (links):
- ICH KANN SCHLECHT RUNDE DINGE ZEICHNEN.
- NA JA, GLATZKÖPFE SIND RUND...
- UND SONST HAST DU KEINE PROBLEME?
- ÄH?!

---

*ICH LIEBE BEIDE: YOSHIOKA UND OSAWA.

*ICH MAG FRAU ASO UND ARBEITE GERN FÜR SIE.

NACHWORT

Vielen Dank, dass ihr dieses Buch in die Hand genommen habt. Ich bedanke mich auch bei meiner Redakteurin für ihre Unterstützung.

Meine Assistenz-Zeichnerin Tamaki Osawa hat Yoshiokas Haare verflucht, jedes Mal, wenn sie Rasterfolien klebte. Ich danke ihr ganz herzlich für ihre Hilfe!

Ich lese meine Werke ungerne selbst, weil mir viele Stellen im Nachhinein nicht gefallen. Ohne die Leserbriefe wäre ich nicht bis zum Ende gekommen. Und ich habe nicht erwartet, dass ich so viele Kommentare über Chizu bekomme (^_^).

Ich danke euch noch mal ganz herzlich, dass ihr diese Geschichte bis zum Ende gelesen habt!

Es ist zwar keine so fröhliche (eher eine sentimentale) Story, aber ich hoffe, dass es euch trotzdem gefallen hat.

Kai ASOU, Frühling 2010

Trau dich Vol. 2

SORENARI NI SHINKEN NANDESU vol. 2
© 2010 Kai Asou
All rights reserved.
First published in Japan in 2010 by HOUBUNSHA CO.,LTD., Tokyo
German translation rights arranged with HOUBUNSHA CO.,LTD
through Tuttle-Mori Agency, Inc., Tokyo

Deutschsprachige Ausgabe / German Edition
© 2014 VIZ MEDIA SWITZERLAND SA
CH-1007 LAUSANNE

Aus dem Japanischen von Yuko Keller

Verantwortlicher Redakteur: Patrick Peltsch

Redaktion: Christin Tewes

Produktion: Dorothea Styra

Lettering: Studio CHARON

Druck und Bindung: GGP Media GmbH, Pößneck

Alle deutschen Rechte vorbehalten

ISBN: 978-2-88921-241-5